コトラーのマーケティング3.0

ソーシャル・メディア時代の新法則

フィリップ・コトラー
ヘルマワン・カルタジャヤ
イワン・セティアワン
恩藏直人＝監訳　藤井清美＝訳

朝日新聞出版

はじめに

　世界は痛みをともなう急速な変化のただ中にある。先ごろの金融崩壊が不幸なことに貧困と失業のレベルを押し上げており、それに対処するため、現在世界中で景気刺激策がとられ、自信と経済成長の回復が図られている。加えて、気候変動と汚染の増加により、諸国は大気中への二酸化炭素の放出を制限するよう求められており、これは企業にさらに大きな負担を押しつけることになる。そのうえ、欧米の豊かな国々の成長率は今では大幅に鈍化していて、より高い成長を遂《と》げている東洋の国々に経済力が急速に移行している。さらに、テクノロジーがアナログの世界からデジタルの世界――インターネット、コンピューター、携帯電話、ソーシャル・メディア――に変化しており、この変化は生産者や消費者の行動に重大な影響を及ぼしつつある。

　これらをはじめとするさまざまな変化により、マーケティングの大幅な見直しが必要になるだろう。マーケティングのコンセプトは、マクロ経済の状況に対応しているとみなすことができる。マクロ経済環境が変化すれば、消費者の行動も変化し、それがマーケティングを変化させるのだ。過去六〇年の間に、マーケティングは製品中心の考え方（マーケティング1・0）から消費者中心の考え方（マーケティング2・0）に移行してきた。今日、環境の新たな変化に対応してマーケティングは再び変化していると、われわれはとらえている。企業は製品から消費者に、さらには人類全体の問題へと関心を広げてきている。マーケティング3・0とは、企業が消費者中心の考え方から人間中心の考え方に移行し、収益性と企業の社会的責任がうまく両立する段階である。

われわれは企業を、競争の激しい世界で単独ですべてをまかなっている存在としてではなく、誠実なパートナー——社員、流通業者、販売業者、供給業者——のネットワークの中で活動している存在ととらえている。企業がパートナーを慎重に選び、企業とパートナーたちの目標が一致しており、報酬《ほうしゅう》が公平で意欲を高めるものであれば、企業とそのパートナーたちの合同チームは大きな競争力を持つことができる。これを実現するためには、企業はそのミッションやビジョンや価値をパートナーたちと共有し、チームが一丸となって目標達成をめざす態勢をつくらなければならない。

本書では、企業が自《みずか》らのミッションやビジョンや価値を、おもなステークホルダー（利害関係者）にマーケティングするにはどうすればよいかを説明する。企業は顧客やパートナーのためにより優れた価値を創造することによって利益を得る。企業が顧客を戦略的出発点とみなし、博愛をもって顧客に接し、彼らのニーズや関心事に注目しながら対応しようとしてくれることを、われわれは願っている。

本書は大きく三部に分かれている。第1部では、人間中心のマーケティングを必然にし、マーケティング3・0の基盤をつくる重要なビジネス・トレンドを概説する。第2部では、企業が自社のビジョンやミッションや価値をおもなステークホルダー——消費者、社員、チャネル・パートナー、株主——のそれぞれにマーケティングするにはどうすればよいかを説明する。第3部では、病気、貧困、環境破壊などのグローバルな課題を解決するためのマーケティング3・0の重要な実践例を紹介し、人間中心のビジネスモデルを実行することで企業がどのように貢献できるかを解き明かす。最後のまとめの章で、マーケティング3・0のコンセプトを自社のビジネスモデルに組み込んでいる企業の例を紹介しながら、マーケティング3・0の重要な原則を一〇カ条にまとめる。

コトラーのマーケティング3・0◉目次

第10章 まとめ

Putting It All Together

marketing 3.0
From Products to Customers
to the Human Spirit

コトラーのマーケティング3・0

ソーシャル・メディア時代の新法則

マーケティングの社会的・環境的貢献を増進してくれる
次世代のマーケターたちに
——フィリップ・コトラー

未来の偉大なマーケターたる初孫のダーレン・ヘルマワンに
——ヘルマワン・カルタジャヤ

絶えず支え続けてくれたルイーズに
——イワン・セティアワン

MARKETING 3.0: From Products to Customers to the Human Spirit
by Philip Kotler

Japanese translation published by arrangement with John Wiley & Sons International Rights, Inc.
through The English Agency(Japan)Ltd.

— Book Design —
遠藤陽一（designworkshopjin;Inc.）

第1部
TRENDS
トレンド

第1章

Welcome to Marketing 3.0

マーケティング3.0へようこそ

なぜマーケティング3・0に向かうのか

長年の間にマーケティングは、われわれがマーケティング1・0、2・0、3・0と呼ぶ三段階の進化を遂《と》げてきた。今日のマーケターの多くがいまだにマーケティング1・0を行っており、なかにはマーケティング2・0を行っている者もいるが、マーケティング3・0に進んでいる者となるとごく少数だ。最も大きな機会が訪れるのは、マーケティング3・0を実行しているマーケターのところだろう。

はるか昔の工業化時代、すなわちコア・テクノロジーが工業用機械だった時代には、マーケティングとは、工場から生み出される製品をすべての潜在的購買者に売り込むことだった。製品はかなり基本的で、マス市場のために設計されていた。規格化と規模の拡大によって生産コストをできるかぎり低くし、価格を下げてより多くの購買者に買ってもらおうとしたのである。ヘンリー・フォードのT型車はこの戦略の典型だ。フォードはこう言い放った。「顧客は好みの色の車を買うことができる。好みの色が黒であるかぎりは」。マーケティング1・0、すなわち製品中心の段階だったのである。

マーケティング2・0は今日の情報化時代、すなわち情報技術がコア・テクノロジーになった時代に登場した。マーケティングの仕事は複雑さを増した。今日の消費者は十分な情報を持っており、類似の製品を簡単に比較することができる。製品の価値は消費者によって決められ、その消費者の選好はバラバラだ。マーケターは市場をセグメント化し、特定の標的市場に向けて他社より優れた製品を開発しなければならない。「顧客は王様である」という黄金律はほとんどの企業にとって有効だ。消費者のニーズや欲求は十分に対応されているので、消費者の暮らしは豊かになっている。彼らは幅広い機能特性や選択肢の中から選ぶことができる。今日のマーケターは消費者のマインドとハートをつかもうとする。この消費者中心のアプローチは、残念ながら、消費者がマーケティング活動の受動的なターゲットであるという見方を暗黙のうちに前提にしている。これはマーケティング2・0、すなわち消費者志向の段階の見方である。

現在、われわれはマーケティング3・0、すなわち価値主導の段階の登場を目《ま》の当たりにしている。マーケティング3・0では、マーケターは人びとを単に消費者とみなすのではなく、マインドとハートと精神を持つ全人的存在ととらえて彼らに働きかける。消費者はグローバル化した世界をよりよい場所にしたいという思いから、自分たちの不安に対するソリューション（解決策）を求めるようになっている。混乱に満ちた世界において、自分たちの一番深いところにある欲求、社会的・経済的・環境的公正さに対する欲求に、ミッションやビジョンや価値で対応しようとしている企業を探している。選択する製品やサービスに、機能的・感情的充足だけでなく精神の充足をも求めている。

消費者志向のマーケティング2・0と同じく、マーケティング3・0も消費者を満足させることをめざす。だが、マーケティング3・0を実行している企業は、より大きなミッションやビジョンや価値を持ち、世界に貢献することをめざしている。社会の問題に対するソリューションを提供しようとしているのである。マーケティング3・0は、マーケティングのコンセプトを人間の志や価値や精神の領域に押し上げる。消費者を全人的存在ととらえ、消費者としての一面以外のニーズや願望もおろそかにされてはならないと考える。それゆえマーケティング3・0では、感情に訴えるマーケティングを、精神に訴えるマーケティングで補うのである。

世界的な経済危機の時期において、マーケティング3・0は消費者の生活により大きな意味を持つ。社会や経済や環境の急激な変化や混乱に、消費者はこれまで以上にさらされているからだ。病気は世界的に流行し、貧困は増大し、環境破壊は進んでいる。マーケティング3・0を実行する企業は、そのような問題に直面している人びとに解決策と希望を提供するのであり、より高い次元で消費者を感動させるのである。マーケティング3・0における差別化は、企業の価値によって進められる。動乱の時代には、これは強力な切り口と言えるだろう。

表1・1は、マーケティング1・0、2・0、3・0を包括的に比較したものだ。

表1-1｜マーケティング1.0、2.0、3.0の比較

	マーケティング1.0	マーケティング2.0	マーケティング3.0
	製品中心のマーケティング	消費者志向のマーケティング	価値主導のマーケティング
目的	製品を販売すること	消費者を満足させ、つなぎとめること	世界をよりよい場所にすること
可能にした力	産業革命	情報技術	ニューウェーブの技術
市場に対する企業の見方	物質的ニーズを持つマス購買者	マインドとハートを持つより洗練された消費者	マインドとハートと精神を持つ全人的存在
主なマーケティング・コンセプト	製品開発	差別化	価値
企業のマーケティング・ガイドライン	製品の説明	企業と製品のポジショニング	企業のミッション、ビジョン、価値
価値提案	機能的価値	機能的・感情的価値	機能的・感情的・精神的価値
消費者との交流	1対多数の取引	1対1の関係	多数対多数の協働

マーケティング3・0をもっとよく理解するために、マーケティング3・0に向かうビジネス状況を形づくる三つの重要な力の登場について考えてみよう。その三つとは、参加の時代、グローバル化のパラドックス（逆説）の時代、クリエイティブ社会の時代である。これら三つの力が消費者を、どのように協働志向、文化志向、精神重視に変えているかを見ていただきたい。この変化を理解すれば、協働マーケティング、文化マーケティング、スピリチュアル・マーケティングの融合であるマーケティング3・0について、より深い理解に到達できるはずである。

参加の時代と協働マーケティング

技術の進歩は、過去一〇〇年の間に消費者や市場やマーケティングに大きな変化をもたらした。マーケティング1・0は産業革命期の生産技術の進歩によって生み出された。マーケティング2・0は情報技術とインターネットの登場で生まれてきた。現在、ニューウェーブの技術がマーケティング3・0を誕生させる大きな推進力になっている。

二〇〇〇年初頭以降、情報技術はメインストリームに入り込んでおり、さらにニューウェーブの技術と言えるものに発展してきた。ニューウェーブの技術は、個人や集団が互いにつながったり交流したりすることを可能にする技術であり、三つの大きな要素で構成されている。安価なコンピューターや携帯電話、低コストのインターネット、それにオープンソースである。[1] この技術は個人が自己を表現することや他の人びとと協働することを可能にする。ニューウェーブの技術の登場は、サン・マイクロシステムズの会長、スコット・マクニーリーが「参加の時代」と名づけたものの到来を告げている。参加の時代においては、人びとがニュースや考えや娯楽を消費するだけでなく、創造もするようになる。ニューウェーブの技術は人びとがコンシューマー（消費者）からプロシューマー（生産消費者）に変わることを可能にするのである。

ニューウェーブの技術による変化のひとつが、ソーシャル・メディアの台頭である。ソーシャル・メディアは二つの大きなカテゴリーに分類できる。ひとつは表現型ソーシャル・メディアで、ブログ、ツイッター、ユーチューブ、フェイスブック、さらには写真共有サイトのフリッカーなどのソーシャル・ネットワーキング・サイトである。もうひとつのカテゴリーは協働型メディアで、誰でも編集に参加できるオンライン百科事典のウィキペディア、映画批評サイトのロトン・トマト、コミュニティ情報サイトのクレイグズリストなどがこれにあたる。

◉表現型ソーシャル・メディア

表現型ソーシャル・メディアがマーケティングに与える影響を考えてみよう。二〇〇八年初めの時点で、ブログ検索エンジンのテクノラティは世界中で一三〇〇万件のアクティブ・ブログを見つけていた。[2] 印刷メディアの読者と同じく、ブログの読者も国によって違う。インターネット利用者の七四パーセントがブログを読む日本とは異なり、アメリカではインターネット利用者の二七パーセント前後しかブログを読まない。だが、読者の割合こそ低いが、アメリカのブログ読者は三四パーセントがインフルエンサー（ソーシャル・メディアの中で他の消費者に対して大きな影響を与える人）だ。そのため、アメリカのブログは読者の二八パーセントにフォローアップ行為をとらせるのである。[3] 著名なマーケター、セス・ゴーディンが運営している人気サイトは、毎日ひとつずつ新しいアイデアを提案して、そのサイトのフィード（配信文書）を受信している無数の人に影響を与えている。

ブログタイプの人気ソーシャル・メディアで、最も急成長しているもののひとつがツイッターだ。二〇〇八年四月から二〇〇九年四月までの一年間に、ツイッターの利用者数は一二九八パーセント増加した。[4] このマイクロブログ・サイトを通じて、会員は一四〇文字以下のツイート（つぶやき）をフォロワー（読者）に送信することができる。ツイートはiPhone（アイフォーン）やブラックベリーなどの携帯端末からも簡単に送れるので、ブログを書くよりはるかに簡単とみなされている。ユーザーはツイッターを通じて自分の考えや活動、さらには気分までも、フレンズ、すなわち読者に伝えることができる。俳優のアシュトン・カッチャーは、ツイッターにおけるフォロワー数一〇〇万人超えを何度も達成して、CNNのアカウントさえ上回っている。

ブログやツイートの多くは私的なもので、個人がニュースや意見や考えを特定の他者に伝えている。別のタイプのブログやツイートとして、ニュースについて論評したり、自分の関心をひく問題について意見や小論を発表したりしたいと思う人たちが開設したものもある。また、企業や製品についての称賛や批判のコメントを書くブロガーやツイッター利用者もいる。幅広いオーディエンスを持つブロガーやツイッター利用者が企業や組織に憤慨した場合、彼らは大勢の消費者に影響を与えてその企業や組織との取引をやめさせる潜在力を持っている。

ブログを書いたりツイッターに書き込んだりする活動の流行は、企業の世界にも及んでいる。たとえばＩＢＭは、社員が自分のブログをつくることを奨励《しょうれい》しており、社員は一定のガイドラインを守るかぎり、自分のブログで会社について何でも自由に書くことができる。もうひとつの例はゼネラル・エレクトリック（ＧＥ）である。同社は若手社員で構成されるツイート特別チームを設けており、これらの若手社員が年配社員にソーシャル・メディアの利用方法を教えている。

短いビデオクリップをつくってユーチューブに送り、世界中の人に見てもらおうとする人たちもいる。彼らの多くは映画監督の卵で、自分の創造の才が認められてより大きな機会につながることを期待している。投稿されるビデオクリップの中には、組織がなんらかの主義主張や活動について支持を集めたり、批判を高めたりするために制作したものもある。また、企業が自社の製品やサービスを印象的に描き出すために制作したものもある。ユーチューブ上で注目されたキャンペーンのひとつに、ファッション・ブランド、マークエコーの「エアフォース・ワン」のニセ映像がある。このストリート系ブランドの会社は、グラフィティ・アート（落書き芸術）への共感を示すために、二人の若者が大統領専用機、エアフォース・ワンに「Still Free（まだ無料）」とスプレーで吹き付けるビデオを制作したのである。同社は後《のち》に、ビデオの旅客機はエアフォース・ワンではなく、ユーチューブ上でのブランド構築活動の一環としてポップカルチャーの世界にセンセーションを巻き起こしたかっただけだったと認めた。

　ソーシャル・メディアが自己表現の要素を強めるにつれて、消費者は自分の意見や経験によって他の消費者に影響を与えることがますます簡単にできるようになる。購買行動を形づくるうえで企業の広告が持つ影響力は、それに応じて縮小するだろう。そのうえ、消費者はテレビゲーム、DVD鑑賞、コンピューターの利用など、他の活動にますます関わるようになっており、以前ほど広告を見なくなっている。

　ソーシャル・メディアは低コストであるうえに視点が偏っていないので、マーケティング・コミュニケーションの未来の媒体になるだろう。フェイスブックやマイスペースなどのソーシャル・ネットワーキング・サイト上での会員どうしのつながりは、企業が市場についての知見を得る場合にも役立つことがある。IBMやヒューレット・パッカードやマイクロソフトの市場調査部門は、ソーシャル・ネットワーキングのデータを解析してプロファイリングを行い、社員や消費者とのよりよいコミュニケーションを編み出そうとしている。(5)

◉協働型ソーシャル・メディア

　オープンソースの活動に利用される協働型ソーシャル・メディアについても考えてみよう。すでに一〇年前、人びとはソフトウェアをオープンソースにして協働で開発できることを知っていた。

オープンソースのOS、リナックスの存在を知っていたからだ。だが、そのような協働が他の産業にも応用できるとは誰ひとり思っていなかった。ウィキペディアのような、誰でも編集できる百科事典を誰が想像していただろう。

ウィキペディアのコンテンツは、このコミュニティ制作の百科事典のために自主的に時間を投入し、無数の話題について項目を作成する膨大な数の人びとによって生み出されている。二〇〇九年半《なか》ばの時点で、ウィキペディアには二三五言語のバージョンがあり、一三〇〇万件以上の項目（英語では二九〇万件）が掲載されている。[6] これを何千人もの人の意見や情報を集めて本にまとめあげた *We Are Smarter Than Me*（野津智子訳『クラウドソーシング』英治出版）と比べてみよう。この本は伝統的な書籍出版における協働の好例だ。[7] もうひとつの例はクレイグズリストで、このサイトは何百万件ものクラシファイド広告（三行広告）を集めて無料で表示しており、広告スペースを売っている新聞に脅威をもたらしている。オークションサイト、イーベイが一部出資しているこのサイトは、さまざまな品の売買広告を掲載している多くのコミュニティにとっても売り込みの場になる。

協働はイノベーションの新しい源泉になることもある。ヘンリー・チェスブロウは *Open Business Models*（栗原潔訳、諏訪暁彦解説『オープンビジネスモデル』翔泳社）で、企業が新しいアイデアやソリューションを見つけるためにクラウドソーシング（不特定多数の人への業務委託）

をどのように利用できるかについて描き出した。[8] イノセンティブという会社は、研究開発上の課題を広く知らせて最善の解決策を引き出そうとしている。同社のネットワークには、自社の問題に対する解決策を見つけたいと思う企業（ソリューション・シーカー）と、それらの問題に対する解決策を提案できる科学者や研究者（プロブレム・ソルバー）の両方が参加している。最善の解決策が見つかった場合には、イノセンティブは、シーカー企業から解決策を考え出したソルバー科学者に対して金銭的報酬《ほうしゅう》を払わせる。ウィキペディアやクレイグズリストと同じく、イノセンティブも協働を促進する場になる。多数の人が協働するこの現象は、タプスコットとウィリアムズが *Wikinomics*（井口耕二訳『ウィキノミクス』日経ＢＰ社）で描き出している。[9]

消費者の協働というこの成長中のトレンドは、すでにビジネスに影響を及ぼしている。今日のマーケターは、もはや自社のブランドを完全にコントロールすることはできない。今では消費者の集合知の力と競争しなければならないのだ。消費者がマーケターの仕事を乗っ取るというこの成長中のトレンドは、アレックス・ウィッパーファースが *Brand Hijack*（酒井泰介訳『ブランド・ハイジャック』日経ＢＰ社）で予測したものである。[10] 企業は今日、消費者と協働しなければならない。マーケティング・マネジャーが消費者の考えを知り、市場について知見を得るために、消費者の声に耳を傾けるところから協働は始まる。より高度な協働は、消費者が製品やサービスの共創を通じて価値創造に中心的な役割を果たすときに生まれる。

トレンド調査における世界ネットワークを持つトレンドウォッチング・ドットコムは、消費者が製品を共創する動機をまとめている。自分の価値創造能力を皆に見せるのを楽しんでいる消費者もいれば、自分のライフスタイルに合った製品やサービスを生み出したいがために共創する消費者もいる。なかには、共創活動に対する企業からの金銭的報酬を目的にしている者もいる。また、共創を就職のチャンスとみなす者もいるし、単に楽しいからという理由で共創を行う者もいる。[11]

プロクター・アンド・ギャンブル（P&G）は「コネクト・アンド・ディベロップ」戦略で知られている。これは従来のリサーチ・アンド・ディベロップメント（研究開発）の手法に代わるものだ。P&Gのこのイノベーション・プログラムはヒトデのようである。ブラフマンとベックストロームによれば、ヒトデは未来の企業の適切なメタファー（比喩）である。ヒトデには頭がなく、細胞が寄り集まって協働しているようなものだからだ。[12] このオープン・イノベーション・プログラムは、世界中の起業家や供給業者で構成されるP&Gのネットワークを生かして、斬新で革新的な製品のアイデアを提供してもらうことをめざしている。P&Gの売り上げの三五パーセント前後が、このプログラムの恩恵を受けている。[13] コネクト・アンド・ディベロップによって生み出された有名な製品には、スキンケア製品のオーレイ・リジェネリスト、ほこり取り用品のスウィッファーダスター、電動歯ブラシのクレスト・スピンブラシなどがある。このプログラムは協働が情報技術以外の産業でも成果を上げられることを実証している。

企業の製品開発を手助けするだけでなく、消費者は広告活動のためにもアイデアを提供することができる。話題になった「フリー・ドリトス（ドリトス無料）」のCMを考えてみよう。一般ユーザーがつくったこのCMは、第二一回USAトゥデイ・スーパーボウルCM好感度調査で、広告会社が制作したCMを抑えて首位に輝いた。この勝利は、一般ユーザーがつくったコンテンツは、往々にしてプロのつくったものより消費者の心に響くということを証明した。消費者の生活により関連性があって、受け入れやすいからだ。

消費者の参加と協働のこうした拡大は、*The Future of Competition*（有賀裕子訳『価値共創の未来へ』武田ランダムハウスジャパン）で分析されている[14]。著者のプラハラードとラマスワミは、消費者の役割が変わってきていると述べている。消費者はもう孤立した個々人ではなく互いにつながっている。決定を下すにあたって、もう無知ではなく情報を持っている。もう受け身の存在ではなく、企業に対して積極的に有益なフィードバックを提供する。

その結果として、マーケティングは進化した。第一期には、マーケティングは取引志向で、どのようにして販売するかに焦点を当てていた。第二期には、関係志向になり、どのようにして顧客に継続購入させるかに主眼を置くようになった。第三期には、企業の製品開発やコミュニケーションに消費者を参加させる方向に移行しているのである。

協働マーケティングはマーケティング3・0のひとつ目の構成要素である。マーケティング3・

０を実行している企業は世界を変えることをめざしている。これらの企業は単独では変えることができない。互いにつながった経済の中で、他の企業と、株主と、チャネル・パートナーと、社員と、さらには消費者と協働しなければならない。マーケティング３・０は、似通った価値や欲求を持つ経済主体の協働活動なのだ。

グローバル化のパラドックスの時代と文化マーケティング

テクノロジーは、マーケティング３・０に向かう消費者の新しい姿勢を形づくるうえで大きな力になってきたが、もうひとつの大きな力はグローバル化である。グローバル化はテクノロジーによって推進される。情報技術の進歩で世界中の国や企業や個人の間の情報交換が可能になり、輸送技術の進歩でグローバルなバリューチェーン（価値連鎖）における貿易その他のモノの交換が容易になるのである。テクノロジーと同じく、グローバル化も世界中のあらゆる人に影響を及ぼし、相互に結びついた経済を生み出す。だが、テクノロジーとは異なり、グローバル化はそれに対抗する力を誘発する。適切な均衡《きんこう》を求めて、グローバル化は往々にしてパラドックスを生み出すのである。

グローバル化のパラドックスの出現を象徴する年、一九八九年を考えてみよう。一九八九年、中国政府は武力を使って天安門《てんあんもん》広場でのデモを鎮圧した。学生や知識人や労働運動家に率いられた一連の民主化要求デモは武力弾圧という結果に終わり、この弾圧によって民間人四〇〇人から八〇〇人が死亡し七〇〇〇人から一万人が負傷した。同じ年にヨーロッパでやはり歴史的なできごとが起きた。西ドイツと東ドイツを隔てていたベルリンの壁が打ち壊され、目に見える冷戦の象徴が葬り去られたのだ。アメリカのスター、デビッド・ハッセルホフは、ベルリンの壁の上に立ってヒット曲 Looking for Freedom（自由を求めて）を熱唱した。一九八九年に起きたこの二つのできごとは逆説的だった。天安門事件は中国の民主化運動の崩壊を告げ、自由に向かう動きを停止させた。それに対し、ベルリンの壁の崩壊は自由と民主主義の新しい世界の始まりを告げた。グローバル化は世界中の国や人びとを解放するが、同時に抑圧する働きもするのである。

もうひとつの例として、グローバリズムとナショナリズムをそれぞれ代表するコラムニスト、トーマス・フリードマンとロバート・サミュエルソンの対立する見方を考えてみよう。一方ではフリードマンが、*The World Is Flat*（伏見威蕃訳『フラット化する世界（上・下）』日本経済新聞出版社）[15]で、今や世界に国境はなくなったと主張した。安価な輸送手段と情報技術のおかげで、モノやサービスやヒトが自由に移動できるようになったと言うのである。他方ではサミュエルソンが、"The World Is Still Round（世界はいまなお丸い）[16]"と題した記事で、国境は政治や人びとの心理によって動かされるので、今後も残り続けると主張した。グローバル化はすべての国にとって平等な土俵を生み出すが、同時に諸国に脅威をもたらしもする。そのため、諸国は国内市場をグローバル化の影響から守ろうとする。つまり、グローバル化はナショナリズムを呼び起こすのだ。

グローバル化はまさにパラドックスに満ちている。グローバル化の結果生じるマクロレベルでのパラドックスを、われわれは少なくとも三つあげることができる。ひとつ目として、民主主義を導入する国が増えている一方で、新しい非民主的な超大国、中国が力を増している。中国は世界の工場になっており、グローバル経済の中で重要な地位を保持している。民主主義の影響力が世界で拡大しているにもかかわらず、このキャッシュ保有国は、資本主義は民主主義がなくても成立することを実証しているのである。グローバル化は経済を開放するかもしれないが、政治は開放しない。政治は依然として国単位で行われている。これはグローバル化の政治的パラドックスだ。

二つ目として、グローバル化は経済統合を必要とするが、平等な経済を生み出しはしない。ジョセフ・スティグリッツが *Globalization and Its Discontents*（鈴木主税訳『世界を不幸にしたグローバリズムの正体』徳間書店）で主張したように、民営化、自由化、安定化のプロセスは間違ったやり方で実行され、そのため第三世界の多くの国や旧共産圏諸国の経済状態が、今ではむしろ悪くなっている。経済的に見ると、グローバル化は一部の国には恩恵をもたらしているものの、それに劣らず多くの国に打撃を与えている。ひとつの国の中でさえ、富の分配の不平等がある。今日、世界には何百万人もの豊かな人がいる。インドには五〇人以上の億万長者がいるし、アメリカの平均的なCEO（最高経営責任者）は平均的従業員の四〇〇倍の報酬を得ている。その一方で、極貧状態に置かれ、一日一ドル未満で命をつないでいる人が、世界にはまだ一〇億人以上いるのである。これはグローバル化の経済的パラドックスだ。

三つ目として、グローバル化は均一な文化ではなく多様な文化を生み出す。ベンジャミン・バーバーは一九九六年に *Jihad vs. McWorld: How Globalism and Tribalism Are Reshaping the World*（鈴木主税訳『ジハード対マックワールド』三田出版会）を書いて、今日の時代には、部族主義とグローバル主義という相対立する二つの機軸原理があると主張した。[17] 二〇〇〇年にはトーマス・フリードマンが、*The Lexus and the Olive Tree: Understanding Globalization*（東江一紀・服部清美訳『レクサスとオリーブの木（上・下）』草思社）[18] で、レクサス（トヨタの高級車）に象徴されるグローバリズムのシステムと、オリーブの木に象徴される文化、地域、伝統、共同体といった古来の力の衝突について論じた。グローバル化は普遍的なグローバル文化を生み出す一方で、同時にそれに対抗する力である伝統的文化を強化するのである。これはグローバル化の社会文化的パラドックスであり、個人、すなわち消費者に最も直接的な影響を及ぼす。

グローバル化のパラドックスはこれら三つ以外にもまだたくさんある。しかし、グローバル化の中で消費者行動がなぜ変化するのか、マーケティング3・0はなぜそうしたトレンドをとらえる必要があるのかを説明するにはこれで十分だろう。テクノロジーの力とともに、これらのグローバル化のパラドックス、とりわけ社会文化的パラドックスは、国や企業だけでなく個人にも影響を及ぼす。個人はローカル市民であると同時にグローバル市民でもあることの重圧を感じるようになっている。その結果、多くの人が不安を感じており、対立する価値を同時に抱いている。経済の混乱期にはとくに不安が高まるものだ。多くの人がグローバル化をグローバル経済危機の元凶として非難している。

経営思想家のチャールズ・ハンディは、これらのパラドックスを解決しようとするのではなく、むしろ管理しようとするべきだと説いている。[19] そうするためには、自分の生活の中に継続性の感覚が求められる。人びとは他の人びととのつながりを求め、ローカルな共同体や社会に溶け込むようになる。だが、パラドックスの時代には目的意識も必須であり、人びとは団結して「ハビタット・フォー・ヒューマニティ」とか「シエラクラブ」といった社会的目的を推進する活動を支持するようになる。この場合、グローバル化はわれわれの生活に好ましい影響を及ぼす。パラドックスは貧困、不公正、環境の持続可能性、地域社会に対する責任、社会的目的などに関する意識や関心の高まりにつながるのである。

グローバル化のパラドックスの大きな影響のひとつは、企業が今では継続性やつながりや目的を提供している会社とみなされるために競い合っている点だ。ダグラス・B・ホルトによれば、文化ブランドは社会のパラドックスを解消することをめざす。これらのブランドは、社会の中の社会的・

経済的・環境的課題に対処することができる。国民全体の不安や欲求に対処するので、文化ブランドは概して高い公平性を備えている。[20]

文化ブランドは社会の矛盾が明白に現れている特定の期間にかぎって意味を持つので、動的である必要がある。そのため、新たに生まれるパラドックス、時間とともに変化するパラドックスを常に意識していなければならない。コカ・コーラは一九七〇年代に"I'd Like to Teach the World to Sing（世界に歌うことを教えたい）"という曲を使ったCMを生み出した。ベトナム戦争を支持するか否かでアメリカ社会が分裂していた時代だったので、このCMは当時は意味があった。人びとはこの文化キャンペーンを決して忘れないだろうが、一九七〇年代のCMは今日ではもう意味を持たなくなっている。

文化的に意味のあるキャンペーンを生み出すためには、マーケターは人類学と社会学についてある程度、理解しておかなければならない。また、明白ではない文化的パラドックスを認識できることも必要だ。だが、文化的パラドックスは人びとが日常的に話題にする類《たぐい》のものではないので、それを認識するのは容易ではない。文化キャンペーンによって影響を受ける消費者は多数派ではあるが、物言わぬ多数派である。彼らはパラドックスを感知するものの、文化ブランドがパラドックスに対処するまでは、パラドックスを直視しないのである。

文化ブランドは反グローバル化運動に答えを提供することもある。マーク・ゴーベは *Citizen*

Brand（東英弥訳『シティズンブランド』宣伝会議）において、普通の人びとは自分たちを、地域社会も環境もないがしろにするグローバル企業に対して無力な存在であるととらえていると主張した。[21] この無力だという感覚が、これらのグローバル企業に敵対する反消費主義運動をかきたてているのである。無力感は、消費者の思いに共鳴し、世界をよりよい場所にしようとする信頼できるブランドを、人びとが切望していることの裏返しでもある。このようなブランドは、マーケティングに対する姿勢において、善対悪の構図に対する人びとの関心に応えるシティズン・ブランドである。文化ブランドの多くは、グローバル・ブランドに代表される望ましくないグローバル文化に反発し、グローバル・ブランドの代わりを求めている消費者の選好に応えようとするナショナル・ブランドである。[22] 文化ブランドは悪玉のグローバル・ブランドに対して善玉の役割を果たすのである。このようなブランドは、地元社会の文化的アイコン（象徴）になることをめざしているので、ナショナリズムや保護主義を促進する。

文化ブランドは一般に、特定の社会にとってのみ意味を持つ。だが、この事実は、グローバル・ブランドが文化ブランドになれないということを意味するものではない。広く知られたグローバル・ブランドの中には、文化ブランドの地位を構築し維持する努力を絶えず続けているものもある。たとえばマクドナルドは、自らをグローバル化のアイコンと位置づけて、グローバル化は平和と協働の象徴であるという認識を生み出そうとしている。マクドナルドの製品は世界のほぼすべての人が手にすることができる。フリードマンは*The Lexus and the Olive Tree*で、マクドナルドが進出している国どうしが戦争をしたことはないという「マクドナルドの紛争予防理論」を唱えた。彼は後に*The World Is Flat*でこれを「デルの紛争予防理論」に変更し、デルのサプライチェーン（供給連鎖）に組み込まれている国どうしが戦争をしたことはないと主張した。戦争するどころか、これらの国は協働してグローバル社会のためのサプライチェーンをつくり上げている。その結果、デルはグローバル化のアイコンとして徐々にマクドナルドに取って代わりつつある。

もうひとつの例は、社会的平等・公正の模範として知られるザ・ボディショップである。グローバル化は通常、その戦略に社会的公正を組み込んでいない。グローバル化はコストと能力における勝者に拍手を贈る。強者の少数派は繁栄するが、弱者の多数派は苦しむことになる。この現実が社会的な不公正感を生み、ザ・ボディショップが取り組んでいる最も重要なテーマと認識されるようになったのである。ザ・ボディショップは社会的平等――グローバル化した世界では往々にしてないがしろにされる課題――を推進しようとしていると認識されている。ときとして反資本主義とか反グローバリゼーションとみなされることもあるが、ザ・ボディショップの考え方はむしろグローバル市場を支持するものだ。公正さはグローバル企業を通じてしか達成できないと、同社は考えているのである。

文化マーケティングは、マーケティング3・0の二つ目の構成要素である。マーケティング3・

0はグローバル市民の関心や欲求に応えるアプローチである。マーケティング3・0を実践する企業は、自社の事業に関係のあるコミュニティの問題を理解する必要がある。

幸いなことに、人びとの関心という概念は、アメリカ・マーケティング協会（AMA）が二〇〇八年に策定したマーケティングの新しい定義にその輪郭が示されている。この定義は次のとおりである。「マーケティングとは、消費者、顧客、パートナー、および社会全体にとって価値のある提供物を創造、伝達、流通、交換するための活動、一連の制度、およびプロセスをいう[23]」。「社会」という言葉を加えることによって、この新しい定義は、マーケティングには個人や企業の当事者間の取引で生じる事柄を超えた大規模な影響があることを認めている。また、マーケティングは今では、グローバル化の文化的意味合いに対処する用意があるということも伝えている。

マーケティング3・0は、文化的課題を企業のビジネスモデルの中心に据《す》えるマーケティングである。後《あと》の章で、マーケティング3・0を実践している企業が周囲のコミュニティ――消費者、社員、チャネル・パートナー、株主の各コミュニティ――に対する関心をどのように示しているかについて詳しく説明しよう。

創造的社会の時代とスピリチュアル・マーケティング

マーケティング3・0を生み出す三つ目の力は、創造的社会の登場である。創造的社会の人びとは、科学、芸術、専門サービスなどのクリエイティブな分野で働く右脳人間だ。ダニエル・ピンクの *A Whole New Mind*（大前研一訳『ハイ・コンセプト』三笠書房）によれば、このような社会は、人類文明における社会発展の最も進んだ姿である。[24] ピンクは人類の進化を、狩猟民、農民、ブルーカラー労働者など、肉体を使う仕事から始まって、その後左脳を使うホワイトカラー労働者や企業幹部に進み、最終的に右脳を使うアーティストに至るとして描き出す。この進化のおもな推進力も、やはりテクノロジーである。

いくつかの研究結果によると、クリエイティブな人の数は労働者層の人の数よりはるかに少ないものの、彼らが社会で果たす役割はますます大きくなっている。クリエイティブな人はそのほとんどが、新しいテクノロジーやコンセプトを生み出したり利用したりするイノベーターだ。ニューウェーブの技術によって生み出された協働の世界では、彼らが消費者を互いに結びつけるハブ（中核）になる。彼らは自己表現や協働に最も積極的な消費者で、ソーシャル・メディアを最大限に利用する。彼らのライフスタイルや姿勢は社会全体に影響を及ぼし、グローバル化のパラドックスや社会問題に対する彼らの意見は、他の人びとの意見を形づくる。彼らは社会の最も進んだ成員であり、協働ブランドや文化ブランドを支持する。また、実利主義者であり、人びとの生活にマイナスとなる社会的・経済的・環境的影響を及ぼすブランドを批判する。

世界中で創造的社会が成長している。リチャード・フロリダは*The Rise of the Creative Class*(井口典夫訳『クリエイティブ資本論』ダイヤモンド社)[25]で、アメリカの人びとが科学者やアーティストのようなクリエイティブな働き方や暮らし方をし始めている証拠を示している。過去二〇年ほどの間にアメリカの創造的分野の投資額や生産高や労働者数が大幅に増えていることを、彼の調査は明らかにしているのである。*The Flight of the Creative Class*（井口典夫訳『クリエイティブ・クラスの世紀』ダイヤモンド社）において、フロリダは世界の他の地域にも調査を拡大して、ヨーロッパ諸国も創造性指数が高いことがわかったと述べている。創造性指数とは、それぞれの国の創造性の発達程度をテクノロジーの進歩、人材、寛容性を基準にして測定したものである。[26]先進国ではクリエイティブな人びとが経済の主力になっており、クリエイティブな人が大勢寄り集まっている地域は、そうでない地域より高い成長を遂げてきた。

フロリダの発見は、創造性が先進国だけのものだと言っているわけではない。C・K・プラハラードは*The Fortune at the Bottom of the Pyramid*（スカイライト・コンサルティング訳『ネクスト・マーケット』英治出版）で、貧しい社会において創造性がどのように出現するのかを明らかにした。彼は農村地域の社会問題への対応として創造性が生まれた例をいくつか紹介している。ハートとクリステンセンも同様の主張を展開し、破壊的イノベーションは往々にして低所得市場で起きることを明らかにした。[27] 独創的な低コストの技術は、問題を解決する必要性がある貧しい国で生まれることが多い。貧困が慢性的な問題になっているインドは、クリエイティブな技術オタクが大量にいるおかげで、世界のバックオフィス（事務管理部門）になっている。

ダナー・ゾーハーによれば、[28] 創造性は人間を地球上の他の生物と分かつものである。創造性を持つ人間は自分たちの世界を形づくる。クリエイティブな人は自分自身と自分たちの世界を向上させるために絶えず努力する。創造性は人間性や道徳性や精神性の中に表れる。

先進国および途上国でクリエイティブな人が増えるにともない、人類の文明は頂点に近づいている。高度な創造的社会の重要な特徴のひとつは、人びとが原始的な生存欲求を超えた自己実現の重要性を信じていることだ。これらの人びとは、積極的に自己を表現し、協働する共創者である。複雑な人間である彼らは、人間の精神の存在を信じており、自らの最も深い欲求に耳を傾ける。

欲求の階層を図示した有名なマズローのピラミッドを考えてみよう。アブラハム・マズローは、人間には生存（基本的ニーズ）、安全と安心、社会への帰属、承認（自尊心）、自己実現（意味）という五段階の欲求があることを明らかにした。また、高位の欲求は低位の欲求が満たされて、初めて満たすことができると主張した。この欲求のピラミッドは資本主義のルーツになった。だがゾーハーが *Spiritual Capital*（精神的資本）[29]で明かしているところによると、自身もクリエイティブな人間だったマズローは、晩年は昔の説を後悔し、あのピラミッドは逆さまにするべきだったと思っていたという。逆さまにしたら自己実現が最底辺に置かれ、すべての人間の最も重要な欲求ということになる。

クリエイティブな人びとは実際に、逆さまにしたマズローのピラミッドが正しいと強く信じている。「人生の非物質的側面や永続的な現実を暗示するものを重んじること」というスピリチュアリティ（精神性）の定義は、創造的社会においてこそ本当に意味を持つ[30]。科学者やアーティストは、往々にして物質的充足を捨てて自己実現を追求し、お金で買えるものを超越した何かを手に入れようとする。それは、意味や幸福や悟りであったりする。物質的充足はたいてい最後にくるもので、自分が達成した成果に対する見返りである。ジュリア・キャメロンは *The Artist's Way*（菅靖彦訳『ずっとやりたかったことを、やりなさい。』サンマーク出版）で、創造性と精神性の一体化したプロセスとして、クリエイティブなアーティストの生き方について語っている[31]。精神性と創造性はアーティストの頭の中では同じようなものだ。創造性は精神性を刺激する。精神的欲求は人間を突き動かす最大の動機であり、より深いところにある創造性を解き放つのである。

クリエイティブな科学者やアーティストの台頭は、必然的に人間のニーズや欲求に対する見方を変化させる。ゲーリー・ズーカフが *The Heart of the Soul*（魂の中心）で指摘しているように[32]、人間の最も重要な欲求として、精神的欲求が生存欲求にますます取って代わりつつあるのである。ノーベル賞経済学者のロバート・ウィリアム・フォーゲルは、今日の社会では物質的充足に加えて精神的な豊かさもますます求められるようになっていると論じた[33]。

社会のこの成長しつつあるトレンドの結果、消費者は今では自分たちのニーズを満たす製品やサービスだけでなく、自分たちの精神を感動させる経験やビジネスモデルも求めている。意味を提供することが、マーケティングにおける未来の価値提案である。価値主導のビジネスモデルが、マーケティング3・0の新しいキラー・アプリケーションになる。メリンダ・デイビスによる「人間の欲求プロジェクト」での発見は、この主張を裏づけている。心理精神的便益は実際には消費者の最も基本的なニーズであり、マーケターが実現できる究極の差別化かもしれないということをデイビスは発見したのである[34]。

企業が自社のビジネスモデルに価値を組み込むにはどうすればよいのだろう。リチャード・バレットは、企業も人間の場合と類似した精神性の段階をのぼっていけること、そして人間の精神的動機は企業向きに手直しして、企業のミッションやビジョンや価値に組み込めることに気づいた[35]。だが、よき企業市民という価値をミッションやビジョンや価値に盛り込むだけで、事業の中でそれを実践してはいない企業を、われわれはたくさん目にしてきた。また、PRのためのジェスチャーと

図1-1｜マーケティング3.0に導く3つの変化

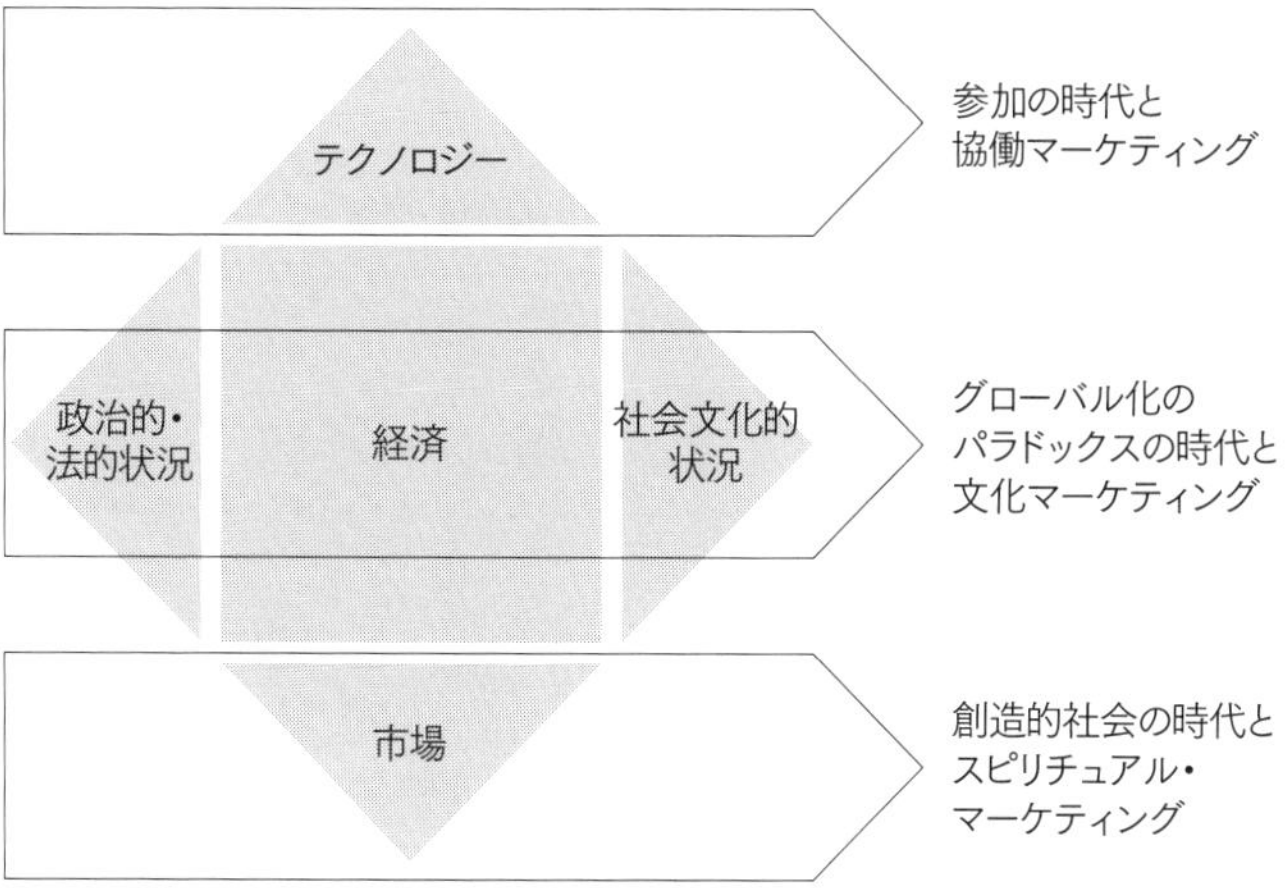

して、社会的に責任ある行動を約束する企業もたくさん見てきた。マーケティング3・0は企業のPR活動ではない。企業が自社の文化に価値を織り込むということなのである。

　クリエイティブな人と同じく、企業もまた物質的な目的を超えた自社の自己実現について考える必要がある。企業は、わが社はどのような会社であり、なぜ事業を行っているのかを理解しなければならない。どのような会社になりたいのかを把握していなければならない。そして、それらすべてが企業のミッションやビジョンや価値に埋め込まれていなければならない。その企業が人間の幸福にどのように貢献しているかを消費者が認識すれば、利益は自《おの》ずとついてくる。これが企業の視点から見たスピリチュアル・マーケティング、すなわち精神に訴えるマ

表1-2 マーケティング3.0の構成要素

構成要素		なぜ必要になるのか
何を提示するか		
内容	協働マーケティング	参加の時代（刺激）
背景	文化マーケティング	グローバル化のパラドックスの時代（問題）
どのように提示するか	スピリチュアル・マーケティング	創造性の時代（ソリューション）

ーケティングであり、マーケティング3・0の三つ目の構成要素なのだ。

マーケティング3・0――協働、文化、精神

要約すると、マーケティング3・0は、マーケティングのやり方が消費者の行動変化や態度変容によって大きく変えられる段階だ。それは消費者がより協働的、文化的、精神的なマーケティング手法を求める、より洗練された形の消費者中心の段階である（図1・1参照）。

ニューウェーブのテクノロジーは情報やアイデアや意見の広範な普及を容易にし、そのおかげで消費者は価値創造のために協働することができる。テクノロジーは政治的・法的状況や経済や社会文化的状況のグローバル化を推進し、それが社会の中に文化的パラドックスを生み出す。テクノロジーは、世界をより精神的な

視点からとらえる創造的な市場の台頭も推進する。

消費者がより協働的、文化的、精神的になるにつれて、マーケティングの性格も変化する。表1・2はマーケティング3・0の三つの構成要素をまとめたものである。これから先の章では、マーケティング3・0について、さまざまなステークホルダーのコミュニティにどのように適用すればよいか、企業のビジネスモデルにどのように組み込めばよいかといった点を含めて、さらに詳しく説明する。

第2章

Future Model for Marketing 3.0

マーケティング3.0の将来モデル

過去六〇年のマーケティングの歩み

マーケティングは過去六〇年にわたり、ビジネスの世界における最も魅力的なテーマのひとつとなってきた。簡単に言うと、マーケティングは製品管理、顧客管理、ブランド管理という三つの大きな柱を軸に発展してきた。というより、一九五〇年代、六〇年代の製品管理中心の概念から、七〇年代、八〇年代に顧客管理中心の概念に進化し、その後さらに進化して、一九九〇年代から二〇〇〇年代にかけてブランド管理という柱が新たに加わったのだ。人びとの生活の大きな変化に絶えず適応してきたからこそ、マーケティングは魅力的であり続けているのである。

ニール・ボーデンが一九五〇年代に有名な「マーケティング・ミックス」という言葉を生み出し、ジェローム・マッカーシーが一九六〇年代に「4P」という枠組みを打ち出して以来、マーケティングのコンセプトは変化する環境に適応して大きな変化を遂《と》げてきた[1]。戦後間もない一九五〇年代におけるアメリカ経済の主役は製造業部門で、一九六〇年代に入ってからもこの部門は拡大を続けた。このような環境を考えると、単純に製品管理に焦点を当てたマーケティング・コンセプトが発展したのは当然だった。

マーケティングは当初、財務、人事とともに生産を支えるいくつかの重要な機能のひとつとしかみなされていなかった。マーケティングの最も重要な役目は製品に対する需要を生み出すことだった。マッカーシーの4Pは、当時の製品管理の一般的な業務内容、すなわち製品の開発、価格の決定、プロモーション、流通先の手配を簡潔に言い表したものである。五〇年代、六〇年代にはビジネスが上昇基調にあったので、マーケティングに求められていたのは、そのような戦術的指針だけであった。

一九七〇年代の石油ショックによるスタグフレーション（景気沈滞下の物価高騰《こうとう》）でアメリカ経済――および先進国経済全般――が打撃を受けると、事態は突然一変した。経済成長はアジアの途上国にほとんど移ってしまい、その結果、経済は一九八〇年代を通じて不確実性に満ちていた。この騒然とした不確実な時代には、需要を生み出すことがかつてより難しくなり、4Pだけではやっていけなくなった。需要は著しく不足していた。新発売の製品でも、他の製品との顧客獲得競争に敗れて姿を消すことがあった。この二〇年の間に、消費者は購買についてより賢い判断を下すようになった。多くの製品が、明確なポジショニングを持たないために消費者のマインド内でコモディティ（独自性がなく他の製品で容易に代替できる製品）ととらえられていた。環境が変わったことで、マーケティングの専門家たちは、より深く考え、よりよいコンセプトを生み出さざるを得なくなった。

もともとの4Pに新たなP——people（人）、process（プロセス）、physical evidence（物的証拠）、public opinion（世論）、political power（政治力）——が追加された。(2) だが、マーケティング1・0の標準モデルは、依然として戦術的性格のものだった。景気の悪化は、実は天の恵みの仮の姿だったのかもしれない。需要が低迷したこの時期に、マーケティングはついに重要な地位を獲得したからだ。製品需要を刺激するために、マーケティングは百パーセント戦術的な次元からより戦略的な次元に進化した。効果的な需要創出のためには、あらゆるマーケティング活動で「製品」に代えて「顧客」を中心に据《す》えるべきだということを、マーケターたちは理解した。セグメンテーション、ターゲティング、ポジショニング（STP）などの戦略を含む顧客管理の考え方が導入された。この時点で、マーケティングは単に戦術的性格のものではなくなった。製品よりも顧客に注目するようになる中で、マーケティングは戦略的になったのである。それ以来、4Pの確立よりもSTPの確立が一貫して重視されてきた。戦略的マーケティング・モデルの導入は、近代マーケティングの誕生を告げるものだった。これがマーケティング2・0の出発点である。

われわれは第1章で、一九八九年はグローバル化のティッピング・ポイント（転換点）だったと述べた。多くの対立するできごとがその年に起きたからだ。一九八九年はマーケティングにとってもティッピング・ポイントになった。パーソナル・コンピューターはビジネスの主流に入り込んでおり、それと対になる強力な技術として一九九〇年代初めにインターネットが誕生した。コンピューターのネットワーク化には、人のネットワーク化がついてきた。ネットワーク・コンピューティングによって人と人との交流が拡大するようになり、クチコミによる情報伝達の広がりが促進された。情報はどこにでもあるものになり、もはや希少ではなくなった。消費者は多くの人とつながるようになり、その結果、十分な情報を持つようになった。

これらの変化に対応するために、世界中のマーケターがマーケティングの概念を拡大して人間の感情に焦点を当てた。エモーショナル・マーケティング、経験価値マーケティング、ブランド資産価値などの新しいコンセプトを導入した。需要を生み出すためには、従来のポジショニング・モデルで顧客のマインドに訴えるだけでは十分ではなくなった。顧客のハートにも訴えることが必要になったのだ。一九九〇年代から二〇〇〇年代にかけて登場したマーケティング・コンセプトは、ほとんどがブランド管理の考え方を反映したものだった。

六〇年の歩みを振り返ると、マーケティングの理論がいくつかの段階を経てきたこと、そして膨《ぼう》大《だい》な数の新しいコンセプトを生み出してきたことが見て取れる。図2・1は、一九五〇年代以降の年月を一〇年単位で見て、それぞれの一〇年間に登場したおもなコンセプトを示している。マーケティングの活力と、絶えず変化する市場や顧客、競合他社や協働パートナーを理解する新しい方法を編み出そうというマーケターたちの不断の決意が、新しい認識やツールを生み出したのである。

図2-1｜マーケティング・コンセプトの進化

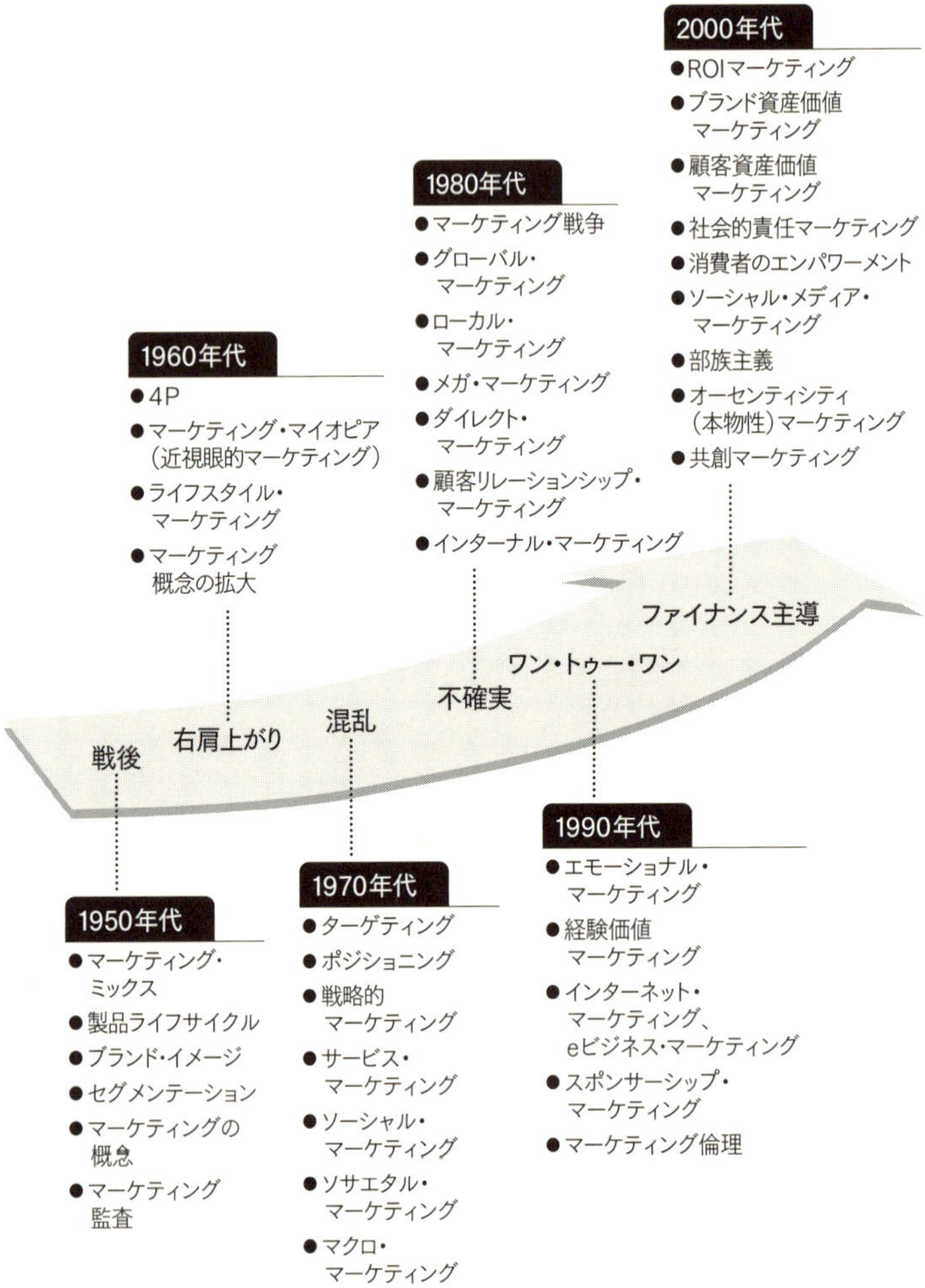
2000年代
●ROIマーケティング
●ブランド資産価値マーケティング
●顧客資産価値マーケティング
●社会的責任マーケティング
●消費者のエンパワーメント
●ソーシャル・メディア・マーケティング
●部族主義
●オーセンティシティ（本物性）マーケティング
●共創マーケティング
1980年代
●マーケティング戦争
●グローバル・マーケティング
●ローカル・マーケティング
●メガ・マーケティング
●ダイレクト・マーケティング
●顧客リレーションシップ・マーケティング
●インターナル・マーケティング
1960年代
●4P
●マーケティング・マイオピア（近視眼的マーケティング）
●ライフスタイル・マーケティング
●マーケティング概念の拡大
ファイナンス主導
ワン・トゥー・ワン
不確実
混乱
右肩上がり
戦後
1990年代
●エモーショナル・マーケティング
●経験価値マーケティング
●インターネット・マーケティング、eビジネス・マーケティング
●スポンサーシップ・マーケティング
●マーケティング倫理
1970年代
●ターゲティング
●ポジショニング
●戦略的マーケティング
●サービス・マーケティング
●ソーシャル・マーケティング
●ソサエタル・マーケティング
●マクロ・マーケティング
1950年代
●マーケティング・ミックス
●製品ライフサイクル
●ブランド・イメージ
●セグメンテーション
●マーケティングの概念
●マーケティング監査

マーケティングの未来――縦ではなく横の関係

ひとつには現在の展開によって、もうひとつには長期的な要因によって、マーケティングの未来は形づくられるだろう。ここ二、三年、世界中の企業が一九三〇年代の大恐慌以来の深刻な景気後退に苦しんできた。最大の誤りは、住宅ローン、クレジットカード、商業用不動産ローンなどの形で、返済能力のない個人や組織に信用が安易に与えられすぎたことだった。誤りを犯したのは、銀行、強欲な投資家、投機家、それにジャンク債のディーラーたちである。金融バブルがはじけて住宅の価値が急落すると、貧しい人も豊かな人もどちらも以前より貧しくなった。顧客は支出を抑制して、より安価なブランドや製品に乗り換えた。ＧＤＰ（国内総生産）の七〇パーセントが消費支出で構成されているアメリカ経済にとって、これは悲惨な事態だった。企業は多くの労働者を解雇し、失業率は五パーセントから一〇パーセントに上昇した。

新たに登場したオバマ政権は、経済を支えるために数千億ドル規模の景気刺激策をとりまとめた。ベアー・スターンズやリーマン・ブラザーズを葬り去り、アメリカン・インターナショナル・グループ（ＡＩＧ）やゼネラル・モーターズ（ＧＭ）などを消滅寸前に追い込んだ類《たぐい》の企業崩壊がさらに起きるのは、なんとしても防ぎたかったのだ。刺激策の効果はなんとか間に合う時期に現れ、二〇〇九年半《なか》ばまでに状況は安定したが、力強い景気回復は約束されていない。約束されているのは、せいぜいよく言ってきわめてゆるやかな回復にすぎない。

問題は、二〇一〇年から始まる新しい一〇年間で消費者が支出により慎重になるかどうかである。政府の金融規制強化案に消費者の不安とリスク回避があいまって、「今買って後《あと》で払う」というかつてのライフスタイルが戻る可能性は低くなっている。消費者は再び非常事態が訪れたときに備えて貯蓄を増やそうとするかもしれない。支出が引き続き低いままなら、経済成長のペースは遅く、それがまた消費者に支出を抑制させるという悪循環になる。つまり、消費者にお金を使わせるためには、マーケターはこれまで以上に努力しなければならないということだ。

マーケティング1・0と2・0は、今後もある程度意味を持つだろう。マーケティングは依然として、セグメンテーションを行い、標的セグメントを選び、ポジショニングを定め、4Pを提供し、製品を中心にしてブランドを築くことを意味している。だが、ビジネス環境の変化——景気後退、気候変動に関する懸念《けねん》、ソーシャル・メディアの登場、消費者のエンパワーメント（影響力増大）、ニューウェーブの技術、グローバル化——が、マーケティングの概念に引き続き巨大な変化をもたらすだろう。

マーケティングの新しいコンセプトは例外なく、ビジネス環境の変化への対応として登場する。

先ごろ発表されたマッキンゼー・アンド・カンパニーの調査報告書では、二〇〇七年から二〇〇九年にかけての金融危機後に顕著になったビジネスの一〇大トレンドを挙げている。(3) ひとつの重要なトレンドは、企業が活動する場がますます信頼感の低い環境に変化していることだ。シカゴ大学ブース経営大学院とノースウエスタン大学ケロッグ経営大学院が共同で調査・発表している金融信頼指数によると、ほとんどのアメリカ人が、考えられる投資先のうち大企業には最も低い信頼感しか抱いていない。この縦の不信感は双方向に働いており、金融機関のほうも消費者に対する与信を停止している。

今日、信頼は縦の関係より横の関係に存在している。消費者は企業より他の消費者を信頼しているのである。ソーシャル・メディアの台頭は、消費者の信頼が企業から他の消費者に移ったことのひとつの表れだ。ニールセン世界消費者動向調査によると、企業が打ち出す広告を信頼する消費者は減っている。(4) 消費者は新しい信頼できる広告形態として、クチコミに期待しているのである。調査対象となった消費者のおよそ九〇パーセントが、知人からの推奨《すいしょう》を信頼している。さらに、消費者の七〇パーセントがオンラインで投稿される顧客の意見を信用している。トレンドストリームとライトスピード・リサーチが行った調査は、消費者が専門家よりもソーシャル・ネットワーク上の見知らぬ他人を信頼していることを明らかにしている。

これらすべての調査結果は、消費者全般が企業のやり方を信頼しなくなっていることを企業に知らせる初期警報として役立つ。これはビジネス倫理の問題であって、マーケターの責任ではないと主張する向きもあるだろう。だが、残念ながらひとつにはマーケティングに起因しているのである。マーケティングは、説得の技を使い、ときには若干ごまかしまで行ってモノやサービスを売り込むことと同一視されている。消費者の役に立つことをめざす近代マーケティングの誕生後も、マーケティングでは相変わらず、売り上げをあげるために製品の性能や他の製品との差異を誇張して表現することが多い。

三〇年ほど前のエクソン・モービルについての次の逸話を読んでいただきたい（同社は今では変身を遂げており、二〇〇九年度のフォーチュン五〇〇ではトップの座を占めた）。

一九八〇年代初め、エクソン・オイルは社員総会を開いて同社の新しい「コア・バリュー」を発表した。リストのトップに掲げられていたのは、「顧客第一」というシンプルな言葉だった。その日の夕方、ある事業部の幹部たちが食事をしながらこのバリュー・ステートメントについて議論した。モンティという名の向こう見ずな気鋭の若手幹部が、乾杯を提唱してこう話し始めた。「みなさんに知ってもらいたい。現状は顧客第一ではないことを」。モンティはその事業部のトップを指差した。「彼が第一だ」。次にヨーロッパ部門のトップの名を挙げた。「彼が二番目だ」。それから北米部門のトップの名を挙げた。「彼が三番目だ」。モンティは事業部の上級幹部の名前を

さらに四人挙げた。四人ともその場に顔をそろえていた。「顧客は八番目になっている」と、彼は締めくくった。驚愕《きょうがく》に満ちた静寂がその場を覆った。やがて幹部のひとりが小さな笑い声をあげると、一同はどっと噴き出して笑い転げた。モンティの指摘は、その日語られたあらゆる言葉のなかで初めての真実だったのである。(5)

これはずいぶん前のできごとだが、似通った話は今日でも簡単に見つけられる。多くのマーケターが、自分の心の奥底では消費者を一番にしてはいないことを認めるべきだ。消費者の信頼の低下がひとつにはマーケティングのせいだとしても、この問題を解決する最大のチャンスを手にしているのもマーケティングである。なにしろマーケティングは、消費者に一番近いところで行われる経営プロセスなのだから。

マーケターと消費者の対立はもう終わりにすべきだと、われわれは思っている。どんな製品やサービスのマーケターも、自分もまた他の製品やサービスの消費者であることを理解する必要がある。消費者のほうも、自分もまた日々の生活の中で、他の消費者を説得するためにマーケティングを行うことがあるかもしれないと認識すべきである。皆がマーケターであり、皆が消費者なのだ。マーケティングはマーケターが消費者に対して行う活動だけをいうのではない。消費者も他の消費者に対してマーケティングを行っているのである。

過去六〇年のマーケティング・コンセプトは、主として縦の関係を軸にしていた。消費者の信頼を取り戻すということは、われわれが「新しい消費者信頼システム」と呼ぶものを取り込むことだ。新しい消費者信頼システムは横の関係に支えられている。今日の消費者は、自分たちだけのコミュニティに集い、自分たちだけの製品や経験価値を共創し、そのコミュニティの外には、称賛に値するキャラクター（個性）を持つ人物を探すときしか目を向けない。自分たちのコミュニティの外では魅力的なキャラクターにはめったにお目にかかれないとわかっているので、彼らは疑り深い。だが、いったんそのようなキャラクターを持つ人物を見つけたら、ただちに熱烈な支持者になる。

企業が成功するためには、消費者が共創やコミュニティ化やキャラクターをますます重視するようになっていることを理解する必要がある（表2・1参照）。未来のマーケティング活動の基盤になると思われるこれら三つの事柄について考えてみよう。

◉共創

共創はC・K・プラハラードがつくり出した言葉で、イノベーションに対する新しい取り組み方を表すものである。プラハラードとクリシュナンは *The New Age of Innovation*（有賀裕子訳『イノベーションの新時代』日本経済新聞出版社）で、イノベーションのネットワークの中で互いにつながっている企業や消費者、供給業者やチャネル・パートナーが、協働によって製品や経験価値を

表2-1 マーケティングの未来

マーケティングの構成要素	今日のマーケティング・コンセプト	未来のマーケティング・コンセプト
製品管理	4P（製品、価格、流通、プロモーション）	共創
顧客管理	STP（セグメンテーション、ターゲティング、ポジショニング）	コミュニティ化
ブランド管理	ブランド構築	キャラクターの構築

創造する新しい方法について述べている。[6] 製品についての消費者の経験は、単独ではその製品の経験価値にならない。製品にとって最大の価値を生み出すのは、個々の消費者の経験の集積なのだ。個々の消費者は、製品を経験するときその経験を自分独自のニーズや欲求に従ってカスタム化するのである。

われわれの考えでは、共創は三つのおもなプロセスから成る。企業はまず、われわれが「プラットフォーム（基盤）」と呼ぶもの、すなわちカスタム化できる一般的な製品を生み出さなければならない。次に、ネットワーク内の個々の消費者に、各自のニーズや欲求に合うようにそのプラットフォームをカスタマイズしてもらう。最後に、消費者からフィードバックをもらい、消費者のネットワークが行ったカスタム化をすべて取り込むことによって、プラットフォームをより価値の高いものにする。これはオープンソースでのソフトウェア開発に広く見られるやり方で、他の産業にも応用できるとわれわれは確信している。消費者の横のネットワークの中で行われる共創を、企業はこのようなやり方で利用する必要がある。

◉コミュニティ化

テクノロジーは国や企業を結びつけてグローバル化の方向に進ませるだけでなく、消費者を結びつけてコミュニティ化の方向に進ませる働きもする。コミュニティ化という概念は、マーケティングにおける部族主義の概念と密接に関連している。セス・ゴーディンは*Tribes*（部族）で、消費者は企業とではなく他の消費者とつながることを望んでいると主張した。[7] この新しいトレンドを取り込みたいと思う企業は、コミュニティの中で消費者が互いにつながる手助けをする必要がある。ゴーディンは、ビジネスで成功するためにはコミュニティの支持が必要だと説いている。

フルニエとリーによれば、消費者のコミュニティにはプール型とウェブ型とハブ型がある。[8] プール型コミュニティの消費者は同一の価値を共有しているが、必ずしも互いに交流するとはかぎらない。彼らを結びつけているのは、ブランドに対する信念と強い愛着だけだ。この種のコミュニティは、多くの企業が育成すべきブランド・ファンの典型的な集まりだ。それに対し、ウェブ型コミュニティの消費者は互いに交流する。これは典型的なソーシャル・メディア・コミュニティで、結びつきを支えているのはメンバー間におけるワン・トゥー・ワン・リレーションシップである。ハブ型コミュニティの消費者は違う。彼らは強力な人物の周りに引き寄せられ、忠実なファン層を形成するのである。コミュニティのこの分類は、消費者は互いにつながるか（ウェブ）、リーダーにつながるか（ハブ）、考えにつながるか（プール）のいずれかだとするゴーディンの主張と一致している。ゴーディンとフルニエとリーはこぞって、コミュニティは企業に役立つためではなくメンバーに役立つために存在していると考えている。企業はこのことを認識し、コミュニティのメンバーに役立つ活動に参加する必要がある。

◉キャラクターの構築

ブランドが人間とつながるためには、真の差別化の核をなす本物のDNAを築く必要がある。このDNAは消費者のソーシャル・ネットワークにおける当該ブランドのアイデンティティを反映したものになる。ユニークなDNAを持つブランドは、その寿命が尽きるまで自らのキャラクターを築き続けていく。差別化を達成することは、とりわけ本物の差別化の達成となると、マーケターにとって容易ではない。

パインとギルモアは、新著 *Authenticity*（林正訳『ほんもの』東洋経済新報社）[9]で、今日の消費者は、ブランドを見たとき、それがまがい物か本物かを即座に判別することができ、実際に判別すると述べている。企業は本物と判定してもらえるよう、自身の主張に背《そむ》かない経験価値を提供することを一貫してめざす必要がある。広告の中で本物に見えることだけをめざしたのでは、即座に信用を失うことになる。消費者が横につながっている世界では、信用を失うということは潜在的購買者のネットワーク全体を失うということだ。

精神への移行──3iモデル

マーケティング3・0では、企業は全人的存在としての消費者に対応する必要がある。スティーブン・コヴィーによれば、人間の基本的な構成要素は、肉体、独自の思考や分析を行えるマインド、感情を感じることのできるハート、そして精神（魂などの源、すなわちその人がその人であることの核）の四つである。[10]

マーケティングにおいて、消費者のマインドにとって意味を持つという概念は、アル・ライズとジャック・トラウトの名著、*Positioning*（嶋村和恵、西田俊子訳『ポジショニング』電通）から始まった。[11] 製品の意図は意味性とユニーク性を持つように標的顧客のマインドに位置づけられなければならないと、彼らは主張した。かくして、ボルボのマーケターは、ボルボはあらゆる車の中で最大の安全性を提供するというイメージを、自動車購買者のマインドに見事に植えつけたのである。

だが、われわれはその後、人間の精神の感情部分がないがしろにされていることを認識するようになった。マインドに訴えるだけではもう十分ではない。マーケターは消費者のハートにも訴えなければならないのだ。エモーショナル・マーケティングというコンセプトは、バーンド・シュミットの *Experiential Marketing*（嶋村和恵、広瀬盛一訳『経験価値マーケティング』ダイヤモンド社）、マーク・ゴーベの *Emotional Branding*（福山健一訳『エモーショナルブランディング』宣伝会議）、ケビン・ロバーツの *Lovemarks*（(岡部真理、椎野淳、森尚子訳『ラブマークの誕生』武田ランダムハウスジャパン）などで取り上げられてきた(12)。

エモーショナル・マーケティングの卓越した手本は、スターバックスのハワード・シュルツ、ヴァージン・グループのリチャード・ブランソン、アップルのスティーブ・ジョブズなどのマーケターによって示されてきた。職場と家庭の間にある「第三の場所」というスターバックスのコンセプト、ヴァージンの「型破りのマーケティング」、アップルの「クリエイティブな想像力」は、感情的に意味を持つマーケティングの好例だ。これらの活動は、われわれのエモーショナルなハート、感情を抱くハートに狙いを定めている。

マーケティングは消費者の精神に訴えかける第三段階へと進化する必要があるだろう。製品やサービスの意図が消費者にとって意味を持ち続けるよう、マーケターは消費者の不安や欲求を理解し、スティーブン・コヴィーの言う「魂の暗号を解く」努力をする必要がある。企業はマインドとハートと精神を持つ全人的存在としての消費者をターゲットにする必要がある。要するに、精神を見落としてはならないということだ。

マーケティング3・0では、マーケティングはブランドとポジショニングと差別化のバランスのとれた三角形として定義し直される必要がある。[13] この三角形を完全なものにするために、われわれは「3・i」というコンセプトを打ち出している。brand identity（ブランド・アイデンティティ）、brand integrity（ブランド・インテグリティ）、brand image（ブランド・イメージ）の三つである。

消費者が横につながっている世界では、ブランドはポジショニングを明確にするだけでは価値がない。ポジショニングを明確にすれば、ブランドは消費者のマインド内で明確なアイデンティティを持つだろうが、それは必ずしも好ましいアイデンティティではないかもしれないからだ。ポジショニングは本物ではないブランドにだまされないよう、消費者に注意を促す言葉にすぎない。つまり、この三角形は差別化なくしては完全なものにならないのである。差別化は当該ブランドの真のインテグリティ（完全性）を反映したブランドのDNAだ。それは、そのブランドが約束を果たしている確かな証拠であり、約束された性能や満足を顧客に届けるということだ。ポジショニングとの相乗効果を持つ差別化は、自動的に好ましいブランド・イメージを生み出す。マーケティング3・0では、完全な三角形だけが信頼性のあるものなのだ（図2・2参照）。

ブランド・アイデンティティとは、ブランドを消費者のマインド内にポジショニングすることだ。競争相手のひしめく市場でそのブランドが消費者に知られ、関心を引くためには、ポジショニングはユニークでなければならない。また、消費者の合理的なニーズや欲求にとって意味を持っていな

図2-2 3iのモデル

ければならない。それに対しブランド・インテグリティは、ポジショニングと差別化によって主張されていることを実現することだ。誠実であること、約束を果たすこと、そして当該ブランドに対する消費者の信頼を醸成《じょうせい》することだ。ブランド・インテグリティの標的は消費者の精神である。最後にブランド・イメージとは、つまりは消費者のエモーションをがっちりつかむことだ。ブランドの価値は、製品の機能や性能を超えて消費者の感情的なニーズや欲求にアピールするものでなければならない。この三角形はマインドとハートと精神を持つ全人的存在としての人間にとって意味を持つように構成されていることがおわかりいただけるはずだ。

このモデルから引き出せるもうひとつの重要な結論は、マーケティング3・0ではマーケターは消費者のマインドと精神に同時に訴えかけて、彼らのハートを動かす必要があるということだ。ポジショニングはマインドに買うべきかどうかを判断させる。ブランドが本当に差別化されていれば、精神が買うべきだという判断を強化する。最後にハートが消費者に行動させ、購買の決定を下させるのである。

一例をあげると、S・C・ジョンソン・アンド・サンは、自社を「家庭用ホームケア製品に特化した、五世代にわたって家族に愛される持続可能な企業」と位置づけた。同社の差別化は持続可能なビジネスモデルにある。「ピラミッドの最底辺」という言葉——一日一ドル未満の収入しかない人びとを指す言葉——は、C・K・プラハラードが *The Fortune at the Bottom of the Pyramid*（スカイライト・コンサルティング訳『ネクスト・マーケット』英治出版）で、貧困層を顧客にして利益の上がる持続可能な事業を築くという新しい方向性を示して以来、盛んに使われるようになっている。[14] だが、ケニアをはじめとするさまざまな市場でピラミッドの最底辺を顧客にしてきた先駆者は、S・C・ジョンソンである。同社はここ数年、*Capitalism at the Crossroads*（石原薫訳『未来をつくる資本主義』英治出版）の著者、スチュアート・L・ハートの重要なパートナーとして、ピラミッドの最底辺を顧客にする手順を開発してきた。したがって同社のブランドは、五世代にわたって家族に愛される、持続可能な企業というポジショニングに背かないインテグリティを備えているのである（図2・3参照）。

図2-3 S・C・ジョンソンの3i

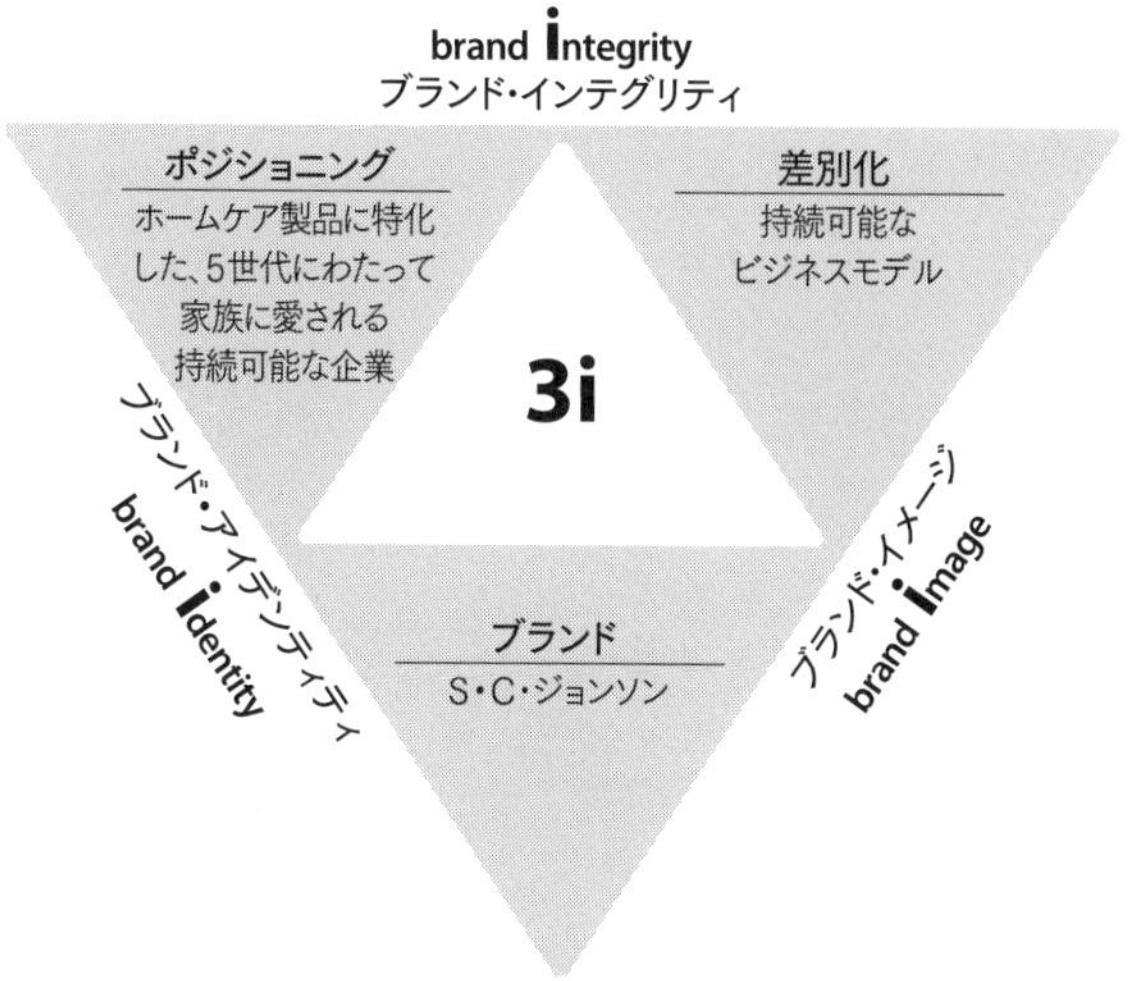
brand Integrity
ブランド・インテグリティ
ポジショニング
ホームケア製品に特化した、5世代にわたって家族に愛される持続可能な企業
差別化
持続可能なビジネスモデル
3i
ブランド・アイデンティティ
brand Identity
ブランド・イメージ
brand Image
ブランド
S・C・ジョンソン

図2-4 ティンバーランドのの3i

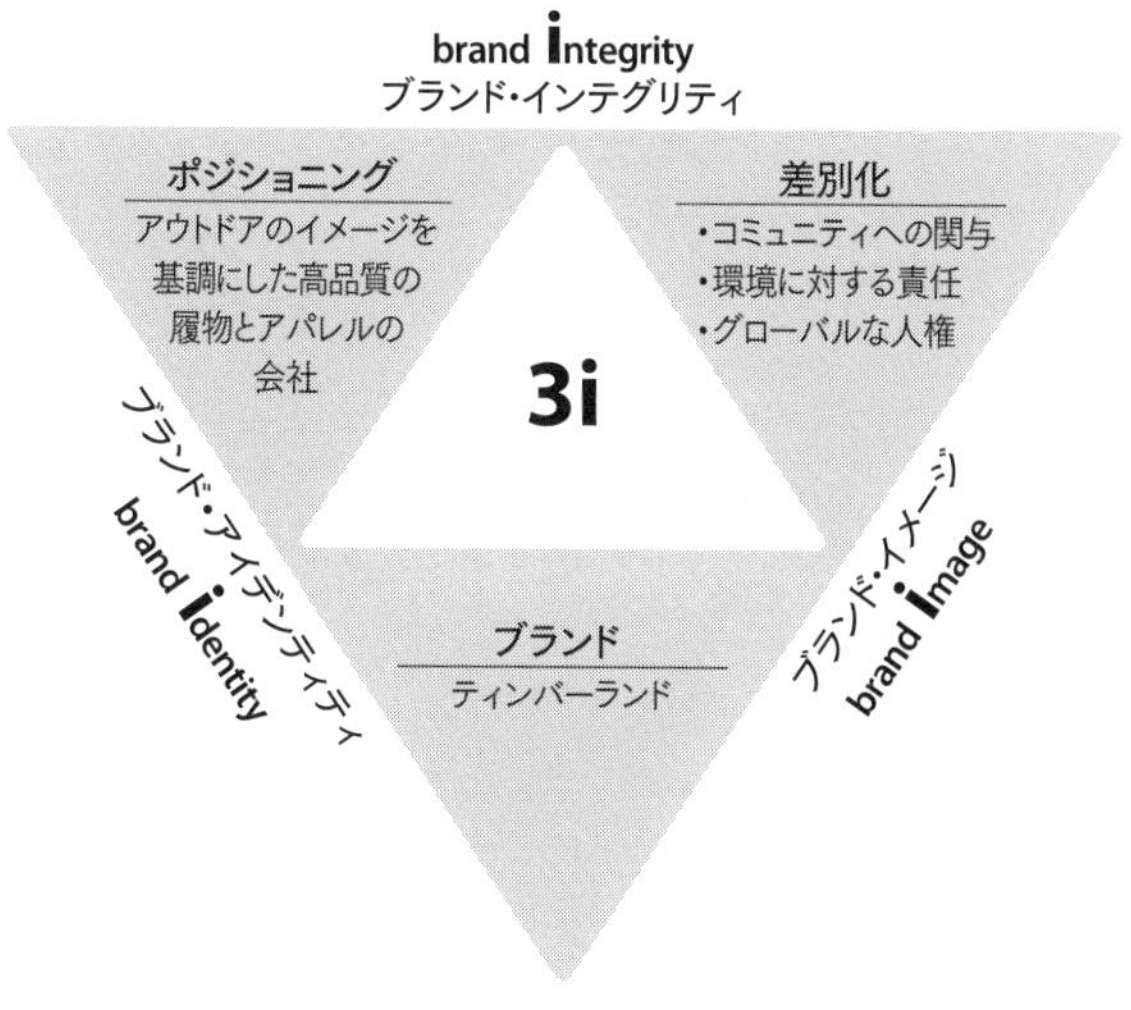
brand Integrity
ブランド・インテグリティ
ポジショニング
アウトドアのイメージを基調にした高品質の履物とアパレルの会社
差別化
・コミュニティへの関与
・環境に対する責任
・グローバルな人権
3i
ブランド・アイデンティティ
brand Identity
ブランド・イメージ
brand Image
ブランド
ティンバーランド

ティンバーランドも揺るぎないブランド・インテグリティを持つ企業の好例だ。同社のポジショニングは「アウトドアのイメージを基調にした高品質の履物《はきもの》とアパレルの会社」である（図2・4参照）。ティンバーランドはこのポジショニングを確かな差別化で支えている。社員を参加させる同社のコミュニティ・ボランティア活動プログラム、「パス・オブ・サービス」は広く知られているが、この差別化が本物であることはすでに証明されている。時間という試練に耐えてきたからだ。一九九四年、同社の純利益は二二五〇万ドルから一七七〇万ドルに落ち込んだ。翌年も売り上げは停滞したままで、同社は創業以来初の赤字を出した。そのような状況では「パス・オブ・サービス」プログラムは廃止されるだろうと、多くの人が予想した。だが、ティンバーランドのリーダーたちは、コミュニティ・ボランティア活動は、ティンバーランド・ブランドを差別化し、本物にしている同社のDNAの不可欠な一部であると確信していた。それゆえ、このプログラムは今日まで続けられているのである。(15)

3iモデルはソーシャル・メディアの文脈でもマーケティングにとって大きな意味を持つ。豊富な情報とネットワーク化されたコミュニティに導かれて消費者が力を持つようになった時代には、ブランドとポジショニングと差別化のバランスこそが必要なのだ。クチコミが新しい広告媒体になり、消費者が企業よりコミュニティ内の見知らぬ他人を信用する時代には、本物でないブランドが生き残る可能性はまったくない。ウソやでっちあげはソーシャル・メディアの中にも存在しているが、それらは消費者コミュニティの集合知によってすぐに暴《あば》かれる。

ソーシャル・メディアでは、ブランドはコミュニティの一員のようなものだ。ブランド・アイデンティティ（すなわち、そのブランドのアバター〔ネット上での分身〕）は、コミュニティ内の経験の集積によって評価される。ひとつの悪い経験が、コミュニティ内でのその会社のブランド・インテグリティを台無しにし、ブランド・イメージを破壊することになる。ソーシャル・メディアのユーザーは誰もがこのことを知っており、ソーシャル・メディアのエリートたちは、ネット上での自分のキャラクターを厳格に守っているのである。マーケターはこのトレンドに注意し、それを受け入れる必要がある。消費者コミュニティをむりやりコントロールしようとするのではなく、自分の代わりに彼らにマーケティングをやらせるのである。マーケターは自分のブランドのDNAに忠実であればよい。マーケティング3・0は横のコミュニケーションの段階であり、そこでは縦の管理は役に立たない。誠実さとオリジナリティと本物であることが功を奏するのである。

価値主導のマーケティングへの移行

消費者のマインドとハートと精神に訴えるためには、マーケターは消費者の不安や欲求を特定する必要がある。グローバル化のパラドックス（逆説）において、消費者の総体としての不安や欲求は、彼らの社会を――また世界全体を――よりよい場所に、さらには理想的な場所にしたいという思いにつながる。したがって、アイコン（象徴）になりたいと思う企業は、消費者と同じ夢を持ち、世界に違いを生み出す必要がある。

企業の中には、社会的課題や環境的課題のための慈善活動によって違いを生み出しているところもある。*Compassionate Capitalism*（思いやりのある資本主義）という本[16]によれば、企業の慈善活動は優れた会社を築くすばらしい出発点になる。第一に、当該企業のリーダーたちは社会的課題に熱心になり、その課題のために個人のお金や会社のお金を寄付するようになる。第二に、企業の慈善活動にはマーケティング上の価値があることを、企業が認識するようになる。だが、これら二つの出発点はたいてい失敗に終わる。最初のアプローチをとる企業は、通常、社会貢献を自社のDNAに組み込むことができない。二番目のアプローチをとる企業は、通常、コミットメントを維持できなくなる。経営が厳しい時期にボランティア・プログラムを維持したティンバーランドのような決断は、多くの企業が容易には正当化できないだろう。そのうえ、企業は本物の社会貢献を行ってはいない――単に売り上げをあげるために善行をなす――という落とし穴にはまることもある。

◉ミッション、ビジョン、価値

社会貢献を企業文化の一部とし、コミットメントを維持するためには、それを企業のミッションやビジョンや価値に組み込むのが最もよい方法だ。企業のリーダーは、自社のDNAとしてのミッションやビジョンや価値について考える必要がある。ポール・ドーランが率いるワイナリー、フェッツァー・ヴィンヤーズの感動的な物語を考えてみよう。[17] フェッツァー・ヴィンヤーズを持続可能な経営のベストプラクティスを示すすばらしい企業にし、同時にコミュニティの誇りあるメンバーにするためには、すべての社員がその方針を真剣に受け止めるよう、コミットメントを会社レベルで始める必要があるということを、ドーランは理解していたのである。

故ピーター・ドラッカーもかつて、ミッションから出発することは、成功している非営利組織から企業が学べる最も重要な教訓かもしれないと述べた。[18] 成功している企業は金銭的利益から出発して計画を立てるようなことはしないと、ドラッカーは主張した。ミッションの実行から始めるのであり、金銭的利益は後からついてくるのだと。

ミッションを自社の事業内容を言い表すものと定義する人がいるが、ダイナミックなビジネス環境では事業範囲の定義はどんどん変わることがある。そのため、われわれはミッションをもっと長続きする表現で「その企業の存在理由」と定義することにする。ミッションは当該企業が基本的に何のために存在するのかを表すものであり、企業は自社のミッションをできるかぎり基本的なレベルで言い表すべきである。それによって企業の持続可能性が決定されるからである。

チャールズ・ハンディの有名な原理をヒントに、われわれは企業のミッションをドーナツで表している。[19] ハンディの逆ドーナツ原理では、基本的には人生はドーナツを逆にしたようなもので、穴にあたる部分が外側にあり、本体は中央にあるとされる。人生を逆ドーナツとしてとらえると、中央の核は不変であり、核の周りの限定された空間は柔軟に変えることができる。企業のミッションは変えることのできない核である。企業の業務や事業範囲は柔軟に変えられるが、核であるミッションと方向性が一致していなければならない。

ミッションが企業の創業時という過去に根ざしているのに対し、ビジョンは未来を生み出すためのものである。ビジョンは企業の望ましい未来像を描き出したものと定義することができる。つまりどのような企業になり何を達成したいのかを説明するものなのだ。この点を明確にするためには、企業はミッションの定義を考慮して未来のイメージを描き出す必要がある。われわれはビジョンを、企業をその未来の状態へと導く羅針盤で表している。

それに対し、価値は「企業組織としての行動規範」とみなすことができる。[20] 企業は一般に同一の価値サイクルに従うので、われわれは価値を車輪で表している。価値は企業が何を大切にしているかを言い表すもので、経営陣はそれを自社の業務のやり方に組み込もうとする。そうすることで会

図2-5　価値ベースのマトリックス（VBM）モデル

	マインド	ハート	精神
ミッション（なぜ）	満足を届ける	願望を実現する	思いやりを実践する
ビジョン（何を）	利益を生む力	投資収益を生む力	持続する力
価値（どのようにして）	よりよくする	差別化する	違いを生み出す

社や会社内外のコミュニティに役立つ行動が強化され、ひいては価値が強化されることを、経営陣は期待するのである。

　つまり、価値を基準にしたマトリックスも採り入れる必要があるということだ。このマトリックスの一方の軸では、現在および将来の顧客のマインドとハートと精神をつかむための企業努力が検討される。もう一方の軸では、企業のミッションとビジョンと価値が考慮される（図2・5）。製品レベルで顧客に約束どおりの性能と満足を届けることが不可欠である一方で、最も高い次元では、ブランドは感情的願望を実現し、なんらかの形の思いやりを実践しているとみなされる必要がある。現在および将来の株主にProfitAbility（利益を生む力）とReturnAbility（投資収益を生む力）を約束するだけでなく、SustainAbility（持続する力）

も約束しなければならない。よりよいブランド、差別化されたブランド、現在および将来の社員に違いを生み出すブランドになることも必要だ。

たとえば、S・C・ジョンソンは、社会や環境の持続可能性に対する取り組みを自社のミッションやビジョンや価値に組み込んでいる（図2・6）。同社は「コミュニティの幸福に貢献するとともに環境の維持・保護に努める」というミッションを掲げ、多様な製品を提供することで消費者を満足させ、環境維持に顧客を参加させることで彼らの願望を実現し、ピラミッドの最底辺の市場をターゲットにすることで思いやりを実践しているのである。

同社は、持続可能性の原則に従って人びとのニーズを満たす革新的なソリューション（解決策）の提供で世界のリーダーになる、というビジョンを掲げている。このビジョンが達成されていることは、同社の黒字成長と受賞歴に示されている。同社は持続可能性の分野における実績を広く知らせるために、パブリック・レポートも発表している。

S・C・ジョンソンの価値は、経済的価値、環境の健全さ、社会の進歩という三つのボトムラインのコンセプトに根ざしている。同社はこのコンセプトを使って、現在および将来の社員のマインドとハートと精神をつかもうとしている。まず、わが社の基本的な強みは社員にあると宣言することで、マインドに訴えかけている。ハートをつかむためには、同社は子どもを持つ女性を積極的に採用しており、働く母親にとってのベスト一〇〇社のひとつに選ばれたことがある。さらに、環境

図2-6 **S・C・ジョンソンの価値ベースのマトリックス**

	マインド	ハート	精神
ミッション コミュニティの幸福に貢献するとともに環境の維持・保護に努める	家庭・消費者向け製品ライン	再利用できる買い物袋の推進	ピラミッドの最底辺をターゲットに
ビジョン 持続可能性の原則に従って人びとのニーズを満たす革新的なソリューションを提供するという面で世界のリーダーになる	S・C・ジョンソンにとって、持続可能な経済的価値を創造するとは、コミュニティの繁栄に寄与し、同時に会社の黒字成長を達成することである	企業のリーダーシップに対して与えられるロン・ブラウン賞を受賞	価値の維持 ―S・C・ジョンソン・パブリック・レポート
価値・持続可能性 われわれは経済的価値を創造する われわれは環境の健全さを追求する われわれは社会の進歩を推進する	わが社の基本的な強みは社員にあると信じる	働く母親にとってのベスト100社にランクイン	環境や社会の持続可能性にとって正しいことを行う機会

や社会の持続可能性にとって正しいことを行う機会を提供することで、精神に訴えかけている。

ティンバーランドの例を考えてみよう。ティンバーランドは自社の製品をよりよくするというシンプルなミッションを掲げている（図2・7）。同社は高品質の製品を通じて顧客満足を届け、店舗設計などを通じて感情的経験を培っている。精神に訴えるためには、このミッションをタグライン（企業キャッチコピー）に組み込んでいる。

ティンバーランドのビジョンは、企業の社会的責任という面で、世界中で二一世紀の模範企業になること

図2-7 ティンバーランドの価値ベースのマトリックス

	マインド	ハート	精神
ミッション よりよくする	高品質の製品	アウトドア風の店舗設計	タグライン「よりよくしよう」
ビジョン 企業の社会的責任の面で、世界中で21世紀の模範企業になる	利益成長	株価の上昇	持続可能性主要パフォーマンス指標
価値 人間らしさ 謙虚さ 誠実さ 卓越	「わが社の本部では、世界で最も革新的な製品をつくるために社員は労を惜しまず働いている」	『フォーチュン』誌の最も働きやすい会社100社にランクイン	パス・オブ・サービス

だ。同社はこれまでビジョンを見事に実現してきており、その実績を使って株主に自社をマーケティングすることができる。このビジョンは理性的には、同社が実現している利益成長によって示される。感情的には、株価のめざましい上昇によって示される。そして精神的には、持続可能性主要パフォーマンス指標（SKPI）によって示されるのである。

社員に対する働きかけとしてはティンバーランドは、人間らしさ（humanity）、謙虚さ（humility）、誠実さ（integrity）、卓越（excellence）という価値を確立しており、さまざまな活動を通じてこれらの価値を社員に植えつけている。なかでも最も重要なのは「パス・オブ・サービス」で、これによって同社は、社員にこれらの価値を実践する機会を与えている。

マーケティング3・0――マーケティングの意味と意味のマーケティング

3iモデルを詳しく見ていくことで、マーケティング3・0における新しい意味を理解していただけるはずだ。マーケティングの最終形態は、アイデンティティ、インテグリティ、イメージの三つがうまくバランスのとれたものになる。マーケティングとは、ブランドのユニークなアイデンティティを明確化し、本物のインテグリティで強化して、強力なイメージを築くことなのだ。

マーケティング3・0は、企業のミッションやビジョンや価値に組み込まれた意味をマーケティングすることでもある。マーケティングをこのように定義することで、われわれはマーケティングの地位をさらに高め、企業の戦略的未来像を描く際の重要なプレーヤーにしたいと思っている。マーケティングはもはや、単なる販売やツールを使った需要の創出とみなされるべきではない。マーケティングは、今では企業が消費者の信頼を取り戻すための、最も重要な頼みの綱とみなされるべきなのである。

第2部
STRATEGY
戦略

第3章

Marketing the Mission to the Consumers

消費者に対するミッションのマーケティング

ブランドは今や消費者のものに

一九八五年のニューコークの一件を覚えているだろうか。新製品のニューコークは、消費者の反発にあって三カ月足らずで市場から撤収された。(1) この反発は、決して新しい味に対するものではなかった。一九八〇年代半《なか》ばにはコカ・コーラはすでにアメリカ大衆文化の一部になっており、消費者はコカ・コーラ・ブランドとその有名な秘密の調合に愛着を感じていた。ニューコークは消費者の愛着を台無しにしたのであり、それゆえ消費者はこの新製品を拒絶したのである。カナダでは事情が違っていた。カナダではコカ・コーラがアイコン（象徴）的な地位を獲得していなかったので、ニューコークはすんなり受け入れられたのである。アメリカではニューコークは高くつく失敗だったが、コカ・コーラは自社のブランドが消費者によって守られていることを確信できるようになった。

二一世紀の今日の世界で、同じ光景が繰り返された。今回の当事者は、手ごろな価格の北欧風デザインの家具を販売しているイケアだった。イケアは二〇〇九年にコスト削減の一環として、自社の公式フォント（書体）をデザイン性の高い Futura（フューチュラ）をカスタム化したものから機能的なVerdana（ヴェルダナ）に切り替えた。(2) 消費者は激しく反発し、ツイッター上のカンバセーション（会話）が広がった。このときも消費者は愛着を感じているブランドを守ろうとしたのである。不満をより速く、より広く伝えるのにソーシャル・メディアが役立った。

ニューコークの件が起きたとき、多くのマーケティング専門家がこれは製品開発の失敗だと思っていた。コカ・コーラの経営陣が市場調査の結果を間違って解釈し、そのため消費者のニーズや欲求を取り違えたのだと。だが、イケアで似通った事態が起きたとなると、このような反発は単なる製品開発の失敗ではないことが理解できる。ブランドのミッションが消費者のマインドとハートと精神にしっかり根づいているとき、そのブランドは消費者のものになっている。コカ・コーラとイケアが犯した最大の誤りは、自らのブランド・ミッションを消費者が理解しているほど深くは理解していなかったことだ。

コカ・コーラはアメリカの幸福の象徴である。このブランドは一九三〇年代の広告で幸せを運ぶサンタクロースの姿を世に広めた。一九七一年のCMソング"I'd Like to Teach the World to Sing（世界に歌うことを教えたい）"は、アメリカ人に混乱の時代にも幸せに生きる方法を教えた。独自の調合をめぐる神秘性は幸せをもたらす秘伝とみなされた。コカ・コーラは、その後二〇〇九年に「オープン・ハピネス」という広告キャンペーンを打ち出すが、一九八〇年代にはその調合は固く守られた秘伝だった。一九七七年にはその秘伝をインド政府から守るために、インドでの販売を停止するという措置《そち》までとった。ニューコークの発売は、コカ・コーラにとっては、新しい味を生み出して、ペプシとのコーラ戦争に勝つことを狙ったものだった。だが、消費者にとっては、自分たちの幸福の象徴を支える秘伝をみだりに改ざんすることだったのだ。コカ・コーラにとってうれしいことに、消費者は幸福を届けるというブランドのミッションを強く信じていたのである。

イケアもまたアイコンである。それはおしゃれで洗練されたライフスタイルの象徴だ。イケアが登場する前は、手ごろな価格の家具といえば、デザイン性のかけらもない機能一辺倒の家具のことだった。イケアはそれをガラリと変えた。イケアにとって、お手ごろとは、セルフサービス、セルフ組み立てではあるが、きわめてデザイン性の高い家具を意味している。イケア・ブランドのミッションは、おしゃれな家具を洗練された消費者が無理なく買える値段にすることだ。フォントをヴェルダナに変えたことは、より一層お手ごろにするには役立ったかもしれないが、洗練されたデザインという要素を台無しにした。総合的に見ると、この変更は、とりわけイケア・ブランドのすばらしいミッションを強く信奉している消費者にとっては、好ましい動きではなかった。ヴェルダナがほとんどのコンピューターに標準装備されていることを考えると、この変更はイケアにとっては大幅なコスト節減だった。だが、消費者にとっては、それは自分たちの信頼に対する裏切りであり、自分は本当に洗練された購買者であるという誇りを叩《たた》きつぶす行為だった。この事例でも、ビジネス上の判断がブランドのミッションと一致していなかったのである。

これら二つの事例は、きわめて重要なメッセージを伝えている。マーケティング3・0では、ブランドがいったん成功したら、当該ブランドはもう企業のものではなくなるということだ。マーケティング3・0を採用する企業は、企業がブランドをコントロールするのは不可能に近いという事実を受け入れなければならない。ブランドは消費者のものであり、ブランドのミッションはもう消費者のミッションになっている。企業にできるのは、自社の行動をブランドのミッションと一致させることだけである。

優れたミッションを策定する

ブランドのミッションを策定するのは、見かけほど簡単ではない。そのブランドがなぜ存在すべきなのかをシンプルな記述にまとめるのは、とくに画期的であると同時に現実離れしていないミッションにしたいと思うなら、容易なことではない。ブランドのミッションの策定に手こずるリーダーは少なくない。ジャック・ウェルチ、スージー・ウェルチの夫妻は、約一〇〇人のCEO（最高経営責任者）が出席する二日間のセミナーを、過去三年にわたって毎年開いてきた。驚いたことに、CEOの六〇パーセントが、自分の会社には明文化されたミッションはないと認めたのだ。あると答えた残りの四〇パーセントはというと、彼らの会社のミッション・ステートメントはたいてい例文集から抜き出したもので、無意味なたわごとが並んでいるだけだった。(3)

スコット・アダムズの漫画 *Dilbert*（ディルバート）の公式ウェブサイトには、かつて、無作為に並べられたビジネスの決まり文句を適当に組み合わせてミッションを策定できる「ミッション・ステートメント自動作成ツール」なるものが掲載されていた。このツールを使えば、ばかばかしいミッション・ステートメントをいくらでも生み出すことができた。たとえば「世界クラスのインフラをたゆみなく構築するとともに、消費者のニーズを満たすために原則中心の資源を迅速に生み出すことがわが社の責務である」という具合だ。(4) このツールはもうオンラインで利用することはできないが、いずれにしても誰も使いたいとは思わないだろう。

本書では、新しい例文集や新しい「たわごと作成ツール」を提供するつもりはない。われわれがめざしているのは、優れたブランド・ミッションを構成する重要な特質を伝えることだ（図3・1参照）。マーケティング3・0において、優れたミッションを生み出すとは、消費者の生活を変える新しいビジネス観を打ち出すということである。われわれはそれを、ザ・ボディショップを創業した故アニータ・ロディックの有名な言葉を借り、"Business as Unusual（普通でないビジネス）" と呼んでいる。また、優れたミッションの背後には、必ずすばらしいストーリーがあるとも思っている。したがって、消費者にミッションを広めるためには、人びとを感動させるストーリーが必要

図3-1｜優れたミッションの3つの特質

だ。大きな変化をもたらすためには、ミッションに組み込まれた普通でないビジネス観がどんどん広がって、メインストリームの市場に採り入れられるまでにならなくてはいけない。つまり、ミッションを実現するためには消費者の参加が必要になる。そのため、消費者エンパワーメント、すなわち消費者に力を与えることがきわめて重要なのだ。

◉普通でないビジネス

独創的かつ革新的なビジネスアイデアの発見は、あらゆるスタートアップ企業の夢である。『ハーバード・ビジネス・レビュー』誌は毎年「画期的なアイデア」のリストをつくって、世界に広まっている革新的なアイデアを紹介している。だが、企業が本当にしなければならないのは、他の人びとがその新しさに気づく前に、そのようなアイデアを見つけることだ。そのためには、戦略的先読み力（strategic foresight）と呼ばれるケイパビリティ（能力）が必要である。このケイパビリティはめったに見られないものだが、過去数十年の間に偉大な事業のアイデアを打ち出したリーダーたち、ビジョンを描く能力とカリスマ性を持つリーダーたちは、必ずこのケイパビリティを備えていた（ビジョンを描けるリーダーたちが従来のビジネスのやり方をどのように変えたかについては、表3・1を参照されたい）。彼らのパーソナル・ミッションと彼らのブランド・ミッションは不可分であり、往々にして同一である。ビジョンを描けるリーダーは、必ずしもイノベーターやパイオニアではない。実際、ハーブ・ケレハー、アニータ・ロディックなどのリーダーはもちろん、ビル・ゲイツでさえ、他の企業からヒントを得た。だが、そのアイデアをより大きく、人びとの生活にとってより意味のあるものにしたのは彼らだったのだ。

小さなアイデアから巨大な影響を生み出せるリーダーこそが、本当に違いをもたらすリーダーである。デイとシューメーカーは、グローバル企業一一九社に対する大規模な調査を行って、互いにつながった経済においては「バタフライ効果」が存在すると主張した[5]。世界のある部分で起きた小さな変化が、他の部分に大きな変化をもたらすことがあるというのである。この小さな変化をとらえるビジネス・リーダーは、大きな優位を獲得するかもしれない。小さな変化をとらえるためには、リーダーはもっぱら組織の内部に目を向ける執行リーダーであってはならない。新しい発見を進んで受け入れ、外部のものを積極的に取り入れる姿勢を持つ必要がある。デイとシューメーカーはこのようなリーダーを「意識を研ぎ澄ましたリーダー（vigilant leaders）」と呼んだ。鋭い注意力を持ち、小さな情報に基づいてリスクの高い行動を取る用意のあるリーダーである。マイケル・マコビーは、このようなリーダーを「ナルシスト的リーダー」と呼んでいる。合意されていない考えに

従って大胆な決定を下せる自己陶酔《とうすい》的性格を持つリーダーということだ。(6)

ブランド・ミッションが本物であって、ピーター・ドラッカーの主張したこと、すなわち「事業は優れたミッションから出発しなければならない」を反映しているということも、優れたミッションの特質である。(7) 金銭的結果は二義的なものなのだ。アマゾン・ドットコムが初めて利益を出したのは、オンライン書籍販売を始めて七年後の二〇〇一年のことだった。(8) ツイッターはまだビジネスモデルを完成させてさえおらず、そのサービスを金銭に変える方法をいまなお確立していない。(9) フェイスブックの創業者、マーク・ザッカーバーグは二〇〇七年に、自分の関心はコミュニティを築くことであって、他の多くのオンライン・スタートアップ企業のように会社を売却して儲《もう》けることではないと力説した。(10) これらのブランドは金銭的目標を最大の関心にしてはいないが、いずれも本物のミッションを持つ称賛すべきブランドであり、投資ファンドが列をなして出資しようとしている。

次に、優れたミッションは例外なく、変革や変貌《へんぼう》や違いをもたらすことをめざしている。マーケティング3・0は、消費者の生活における物事のやり方の変化をめざす。ブランドが変化をもたらすとき、消費者は無意識のうちに当該ブランドを日々の暮らしの一部として受け入れる。これが精神のマーケティングがめざすものだ。パインとギルモアは、*The Experience Economy*（電通「経験経済」研究会訳『経験経済』流通科学大学出版）で、経験という価値を重視する経験経済が成熟

ジェフ・ベゾス	アマゾン・ドットコム	アマゾン・ドットコム（1994年）で書籍（および他の製品）の小売業を変貌させ、Kindle（2007年）で書籍そのものを変貌させた。	知識の最大の品揃えを提供し、便利な方法でそれを届ける
ピエール・オミダイア	イーベイ	イーベイ（1995年）で売り手と買い手を結びつけ、ユーザーによる評価やペイパルの子会社化（2002年）で取引を容易にするとともにガバナンスを向上させた。	ユーザーが統治する市場空間をつくる
ラリー・ペイジ、セルゲイ・ブリン	グーグル	1998年以来、グーグルは検索エンジンを変革してきた（「グーグル」という単語は辞書で「インターネットで検索することをさす言葉」と定義されている）。検索エンジン・ベースの広告プラットフォームを提供することにより、オンライン広告の定義を変えた。	世界の情報を体系化し、利用可能にする
ジミー・ウェールズ、ラリー・サンガー	ウィキペディア	2001年の登場以来、ウィキペディアは百科事典の定義を変え、ウォード・カニンガムが1994年に開発した協働ツール、wikiを普及させてきた。	一般の人びとが編集できる百科事典をつくる
マーク・ザッカーバーグ	フェイスブック	ソーシャル・ネットワーキングは彼の発明ではないが（まず2002年にジョナサン・エイブラムスによってフレンドスターが、2003年にクリス・デウルフとトム・アンダーソンによってマイスペースが開始された。フェイスブックはその後の2004年に開始された）、ザッカーバーグはフェイスブック・プラットフォーム（2007年）の公開やフェイスブック・コネクト（2008年）の開始によって、そのアイデアを拡大し、ソーシャル・ネットワーキングの利用者層を拡大した。	ビジネス・プラットフォームとしてのソーシャル・ネットワークを提供する
リード・ホフマン	リンクトイン	リンクトインはプロフェッショナルのためのオンライン・ネットワーキングやプロフェッショナルの連絡先情報を体系化する新しい方法を開始した。職探しの方法として、まもなく従来の履歴書に取って代わると見る向きもある。	世界中のプロフェッショナルを結びつける
ジャック・ドーシー	ツイッター	2006年に設立されたツイッターは、インターネット上でのミニブログというアイデアと、人びとが自分の考えをネットワークに広められるようにする方法を編み出したパイオニアである。	友人の動向や他の関心事を追いかけるツールを提供する

表3-1 ビジョンを描けるリーダーの普通でないビジネスとブランド・ミッション

リーダー	ブランド	普通でないビジネス	当初のブランド・ミッション
イングヴァル・カンプラード	イケア	折りたたみ式家具とセルフサービスの経験型店舗というコンセプトを1960年代に生み出した。これによってイケアはコストを大幅に節減することができた。	おしゃれな家具を手ごろな価格にする
リチャード・ブランソン	ヴァージン	1970年の創業以来、単一ブランドの下でリスクの高い多様な事業を展開して、ビジネスを変革した。型破りのビジネス慣行を会社全体に適用した。最近の動きとしては、商業用宇宙船を建造するためにバージン・ギャラクティックを設立した（2004年）。	おもしろみのない産業にわくわくする感覚をもたらす
ウォルト・ディズニー	ザ・ウォルト・ディズニー・カンパニー	人気アニメ・キャラクターを創造し、ライセンス商品やテーマパーク経験でそれらのキャラクターを主流のビジネスに持ち込んだ。	家族のための魅惑の世界を創造する
ハーブ・ケレハー	サウスウエスト航空	格安航空会社モデルや企業文化についてのアイデアはパシフィック・サウスウエスト航空（1949年設立）から得たのではあるが、ケレハーは1971年以降、格安航空会社を主流の世界に持ち込んできて、そのビジネスモデルが世界中で採用される流れをつくった。	航空旅行を多くの人にとって可能なものにする
アニータ・ロディック	ザ・ボディショップ	ブランド名とリサイクル可能なパッケージというアイデアは1976年にアメリカのある企業をまねて採用したものだったし、10年後にたまたま社会活動を実践したにすぎなかったが、ロディックは化粧品の背後にストーリーをつくるというアイデアを打ち出した。	社会活動をビジネスに組み入れる
ビル・ゲイツ	マイクロソフト	草創期のパイオニアではなかったが、ゲイツは1975年以来OSをコンピューター産業の主流に持ち込んで、ネットワーク効果を利用してソフトウェアをコンピューターの不可欠な一部にしたと言ってよい。	ユビキタス・コンピューティングを実現する
スティーブ・ジョブズ	アップル	かっこいいカウンターカルチャー的アプローチでMac(1984年)、iPod(2001年)、iPhone（2007年）を市場に投入して、コンピューター・音楽・電話産業を変貌させた。また、ピクサーでアニメ映画を変貌させた（2006年）。	人びとの技術の楽しみ方を変える

すると、変革経済が登場するときが訪れると主張した。[11] 変革経済――その中では企業の提供物が消費者の生活を変える経験となっている――は、すでに生まれつつあるとわれわれは確信している。

ブランド・ミッションは複雑で凝ったものである必要はない。むしろ、事業範囲を柔軟に設定できるようシンプルであるべきだ。ビジョンを描けるリーダーたちが、自社のミッションを達成するためにどのように戦略を切り替えているかを見ていただきたい。スティーブ・ジョブズは、Mac（マック）、iPod（アイポッド）、iPhone（アイフォーン）でこれを行った。これらの製品はそれぞれ異なる産業に影響を与えるものだった。ジェフ・ベゾスは、アマゾン・ドットコムを成功させた後《のち》、電子ブックのキンドルを発売した。企業は自社のミッションを追求する方法を絶えず見直していく必要がある。そのためには、創業者にずっと頼り続けていてはいけない。あらゆるレベルにリーダーが必要なのだ。ビジョンを描ける人はたいてい起業家になるのではないかと主張する向きもあるが、それを理由に企業がビジョンを描ける社内起業家を応援しないということがあってはならない。

ノエル・ティチーによれば、ゼネラル・エレクトリック（GE）は社内でのリーダー育成という点で一貫して見事な成果をあげてきた。[12] 同社は二〇〇六年に上級幹部対象の四日間の「リーダーシップ・イノベーション成長（LIG）プログラム」――事業拡大計画のためのリーダーを育成する目的で特別に設計されたプログラム――を開始した。GEのCEO、ジェフ・イメルトによれば、このプログラムはGEのDNA、すなわち同社のミッションに成長を埋め込むために欠かせないものである。[13]

◉人びとを感動させるストーリー

高名な脚本家、ロバート・マッキーによれば、人びとを納得させるには二つの方法がある。[14] ひとつは事実や数字に基づいて考えをまとめ、人びとを知的な議論に引き込むこと。もうひとつは、それらの考えを軸に感動的なストーリーをつくって人びとの感情をつかむことで、二つ目のほうがはるかに効果的だとマッキーは言う。新製品を発売するとなると、アップルのスティーブ・ジョブズは必ず二つ目の方法を選ぶ。実際、彼はビジネス史上最もすばらしいストーリーテラーのひとりとみなすことができる。彼はいつもストーリーから始める。まずストーリーが伝えられ、それからその製品の機能や他の事実について語られるのだ。

一九八三年の秋、青年ジョブズは、選ばれたオーディエンスに向けてマッキントッシュを紹介する伝説的なCM「一九八四年」を放映した。このCMで彼は、一九八四年がなぜコンピューター産業にとって変革の年なのかという感動的なストーリーを語った。マッキントッシュを、コンピューター産業を支配しようとするIBMの企《くわだ》てに対するアップルの反撃として描き出したのだ。ディーラーや消費者がその支配を逃れて選択の自由を享受するためには、アップルが唯一の希望の光であると、彼は主張した。二〇〇一年、彼は再び見事なストーリーテラーぶりを発揮して、iPod を発売した。iPodの存在理由は、人びとがそれまでの全人生の音楽ライブラリーをポケットに入れて持ち運べるようにすることだった。二〇〇七年には、彼は変革の約束とともにiPhoneを発売した。iPhoneは、音楽と電話とインターネットを結合した、革新的で洗練された使いやすい機器として描き出された。こうした感動的なストーリーで、スティーブ・ジョブズは過去二五年の間にコンピューター産業、音楽産業、電話産業で変革というミッションを実現してきたのである。

だが、ジョブズが語ったストーリーは序章にすぎなかった。アップル・ブランドの完全なストーリーは、大勢の書き手たち――社員、チャネル・パートナー、そして最も重要な消費者――が協働しながら継続的につくり上げてきたものだ。横につながっている世界では、ブランドを取り巻くストーリーの大きな部分が集合知から生まれる。書き手から書き手へと伝えられていく中で、ストーリーは絶え間なく書き換えられる。市場に流布する最終的なストーリーがどうなるかは、企業にはわからない。だから、最初に本物のストーリーを語ることが常に最善の策なのだ。

ホルトによれば、ブランド・ストーリーには少なくとも三つの重要な構成要素がある。キャラクターとプロット（筋書き）とメタファー（比喩）である。[15] ブランドは、社会の問題に取り組んで人びとの生活を変える運動の象徴になるとき偉大なキャラクターを持つ。これが文化ブランドの構築に関するホルトの中心的な理論である。ブランドが文化運動と同一視されるようになると、そのブランドは文化ブランドになる。たとえば、ザ・ボディショップは社会活動の象徴であり、ディズニーは家族の理想の象徴だ。ウィキペディアは協働の象徴であり、イーベイはユーザーによる統治の象徴だ。つまり、ブランドは普通ではないビジネスを約束し、文化的な満足を届ける必要があるわけだ。

キャラクターを人びとの生活にとって意味のあるものにするために、優れたストーリーにはプロットが必要だ。チップ・ヒースとダン・ヒースは *Made to Stick*（生き残るアイデアの条件）で優れたストーリー・プロットの三タイプを提示している。チャレンジ型、コネクション型、クリエイティブ型である。(16) 少年ダビデが巨人ゴリアテを倒すストーリーは、チャレンジ型プロットの典型だ。このタイプのプロットでは、ブランドは強力な敵や困難な障害に立ち向かう相対的に弱い主人公の役どころを演じるが、最後にはもちろんそのブランドが勝利するのである。ザ・ボディショップは、フェアトレード（公平貿易）を求めて戦う発展途上国の農民というストーリーを打ち出していて、チャレンジ型プロットの見事な例になっている。*Chicken Soup*（『こころのチキンスープ』ダイヤモンド社）シリーズに見られるプロットはコネクション型だ。このタイプのプロットでは、ブランドは日常生活に存在する断絶——人種、年齢、性別などによる断絶——を埋める働きをする。フェイスブックのようなソーシャル・メディアのブランドは、コネクション型のプロットを使って自身のストーリーを広めようとする。それに対しクリエイティブ型のプロットは、テレビの *MacGyver*（『冒険野郎マクガイバー』）シリーズに典型的な形で表れている。マクガイバーはその才気で問題の解決方法を必ず見つけるのである。ヴァージンはこのタイプのストーリーを使うことでよく知られており、リチャード・ブランソンがマクガイバー的なキャラクターを演じている。

ビジョンを描けるリーダーは、その大多数がストーリーを創作するわけではない。日常生活の中に漂っている、利用できるストーリーを見つけるだけだ。ほとんどのストーリーはすでに世の中に存在しているのであり、だからこそ人びとにとって意味があると感じられる。だが、もちろん敏感でなければストーリーをとらえることはできない。ジェラルド・ザルトマンとリンゼイ・ザルトマンは、ストーリーをとらえる一助として、意識の奥底にあるメタファーを明るみに出すプロセスを提示している(17)。意識の奥底にあるメタファーは、どんな人の中でもごく幼いうちから無意識のうちに暗号化されている。ザルトマン・メタファー表出法(ZMET)を使うことで、そのメタファーを表に引き出すことができ、それによってストーリーをどのように組み立てればよいか、また消費者はそのストーリーにどのように反応する可能性が高いかを理解できるのである。ザルトマンの七つのメタファーは全メタファーの七〇パーセントを構成しており、「七大メタファー(Seven Giants)」と呼ばれている。その七つとは、バランス(balance)、変化(transformation)、旅行(journey)、容器(container)、つながり(connection)、手段(resource)、コントロール(control)である。

ZMET法では、消費者に数枚の絵を集めるよう指示し、それらの絵でコラージュ(張り合わせ)

を作ってもらう。作成者にインタビューしながら体系的にコラージュを分析することで、コラージュに埋め込まれている深いメタファーを読み解くことができる。たとえば、無意識のうちにバランスのメタファーを使う人びとは、食生活についてのコラージュが分析されるとき「太りすぎ」について何か発言するかもしれないし、職探しについてのコラージュが分析されるとき「雇用の平等」について何か発言するかもしれない。このような発見は、消費者の食生活の改善や雇用の多様化の促進をミッションとしている企業には有益だろう。「自動車買い替え補助金制度」の実施期間中に、たとえば環境にやさしいプリウスに乗り換えた消費者が抱く変革の感覚を理解することは、トヨタにとってストーリーづくりに役立つかもしれない。旅行のメタファーを使う消費者は、たとえば、「危機の中で生き残るのは坂道を上るように困難なことだろう」と発言するかもしれない。このメタファーを読み解くことは、企業が景気後退期にブランド・ストーリーを組み立てるのに役立つだろう。

容器のメタファーは保護を表すこともあれば、落とし穴を表すこともある。貧しい農村部の人びとは、貧困を自分たちを閉じ込めて外部の機会から遮断している落とし穴とみなし、年配の社員は年金を自分の将来の生存を保障してくれる保護とみなす。メタファーは、企業が消費者の生活を取り巻く状況を理解する助けになる。コネクション型のメタファーはリレーションシップを表すので、企業はそれを読み解くことで、消費者が自分のネットワーク内の他の人びとをどのように見ているかを明らかにすることができる。友情の意味や、あるブランドのファンであることの意味を見つけることもできる。スティーブ・ジョブズは手段のメタファーを使って、iPhoneによって人びとはひとつの機器で音楽と電話とインターネットを楽しめるようになるというストーリーを語った。iPhoneは消費者のための手段と位置づけられたのだ。世界的な流行病が生まれる時代には、消費者は自分たちには病気の広がりをコントロールすることはできず、コントロールできるのは自分の免疫力だけだという類《たぐい》の発言をするかもしれない。これはコントロールのメタファーの例である。

キャラクターはストーリーの要であり、ブランドが消費者の精神にどのように認知されているかを表すものだ。プロットの構成は、それぞれがストーリーを自分独自のバージョンに書き換える人びとのネットワークの中で、キャラクターがどのように進んでいくかを表す。メタファーは人間の精神の中で起きている無意識のプロセスである。消費者が持つメタファーと相性のよいメタファーを持つストーリーは、消費者にとって意味を持ち、真実であると認知される。人びとを感動させるストーリーは、これら三つの主要構成要素、キャラクター、プロット、メタファーをすべて備えている。優れたミッションを生み出すことは企業にとって大きな一歩であり、ストーリーを語ることによってミッションを広めることも大きな一歩なのだ。

◉消費者エンパワーメント

『タイム』誌は毎年、世界で最も影響力のある一〇〇人のリストを発表している。選んだ一〇〇人をランクづけすることは、少なくとも公式には行っていない。だが、オンラインの読者が自分たちでランクづけすることは大目に見ている。バラク・オバマや故テッド・ケネディなどが選ばれていた二〇〇九年のリストでトップの座を占めたのは、「ムート」という名の謎めいた二一歳の男だった。彼は画像主体の人気オンライン掲示板、4ちゃんねる（4chan.org）の創始者で、オンライン投票で一六〇〇万票獲得し、大差で一位に選ばれたのだ。『タイム』誌によれば、彼のウェブサイトは一日あたり一三〇〇万ページビューを獲得し、ひと月あたり五六〇〇万人のビジターを引き寄せている。

横につながっている世界では、人びとはさほど有名ではない人物に力を与えたがる。その人物を自分たち、すなわち巨大企業に取り巻かれた、力のない消費者の象徴とみなすのだ。消費者に自分たちには力があるというエンパワーメントの感覚を与えることは、ブランドのミッションを追求するうえできわめて重要である。そのミッションは消費者のものであり、その実現は消費者の肩にかかっているのだということを伝えよう。それは彼らの積極的な参加を得るためでもあるし、インパクト（影響）を高めるためでもある。個々の消費者は弱いが、集団としての力はいつだっていかなる企業の力よりも大きいのである。

消費者が有する集団としての力の価値は、ネットワークの価値に根ざしている。ネットワークは一対一の関係で築かれることもあれば、一対多数の関係や多数対多数の関係で築かれることもある。

企業が広告によって自社のブランド・ストーリーを伝えるとき、消費者のネットワークの中では、そのストーリーはメンバーからメンバーへと一対一の伝達によって広められる。イーサネットの発明者、ロバート・メトカーフは、この現象をメトカーフの法則にまとめ、一対一の状況においてメンバーn人のネットワークの力はnの二乗に等しいと主張した。だが、メトカーフの法則は、関係が一対多数もしくは多数対多数のとき、すなわち消費者が複数の他の消費者と同時にやりとりするときのネットワークの力を過小評価している。この力はリードの法則によってとらえられており、ソーシャル・メディア現象の説明には、このリードの法則が使われることが多い[18]。リードによれば、多数対多数の環境におけるメンバーn人のネットワークの力は、二のn乗に等しい。nが五以上なら、多数対多数のネットワークの力は一対一のネットワークの力より常に大きくなる。この単純な数学が、消費者エンパワーメントの最も重要なコンセプトである。

消費者エンパワーメントの見事な例が、グーグルの「プロジェクト一〇の百乗（Project 10^{100}）」だ。グーグルは二〇〇八年九月に創立一〇周年を記念して、コミュニティ、機会提供、エネルギー、環境、健康、教育、安全保護、その他の八つのカテゴリーで、他の人びとに役立つアイデアを消費者から募集した。寄せられたアイデアの中からグーグルが最終候補一〇〇件を選び、一般ユーザーに投票してもらって最もよいアイデア二〇件を決める。その中から諮問《しもん》委員会が選んだベスト五に、計一〇〇〇万ドルの実行資金が与えられることになっている。最もよいアイデアは、最も深いところで最も多くの人に役立つものとされている。グーグルはネットワークの力を利用し、同時に消費者エンパワーメントを実践しているのである。反応はきわめて大きく、グーグルはまだ最終候補の選定作業中である。(19)

消費者向けパッケージ商品（CPG）のような、購入前にあまり検討されることのない製品についてさえ、ミッションを実現するための消費者エンパワーメントがトレンドになっている。(20) 人びとを笑顔にするというミッションを掲げている口腔《こうくう》ケアブランド、コルゲートは、「スマイル」と名づけた消費者エンパワーメント・プログラムを運営している。消費者に自分の笑顔の写真を投稿して、このプログラムに参加している他の人びととつながりを持つよう勧めているのである。衣服を清潔にするというシンプルなミッションを掲げている洗剤ブランド、タイドは、人びとが災害の被災者を支援できる「ローズ・オブ・ホープ（希望の投入）」というプログラムを設けている。タイドが被災地に無料の移動式コインランドリーを提供するのを、消費者は寄付からボランティア活動までのさまざまな方法で手助けすることができる。

消費者エンパワーメントは消費者カンバセーション（ネット上の会話）のプラットフォーム（基盤）になる。多数対多数のカンバセーションこそが、消費者ネットワークをこれほど強力にしているのである。ブランド・ストーリーは、消費者がそれについて語り合ってくれなければ何の意味も持たない。マーケティング3・0では、カンバセーションが新しい広告活動なのだ。アマゾン・ドットコムでは、読者が本の論評を書いて他の読者に本を推奨《すいしょう》するのが当たり前になっている。イーベイでも、人びとが買い手や売り手を評価し、彼らについて論評するのが当たり前になっており、それが彼らの信用を決定している。論評や推奨を専門にしているイェルプ（Yelp）というウェブサイトまである。このサイトは地域別に分かれており、消費者はそれぞれの地域の店舗や施設の評判を知ることができる。これらは消費者のカンバセーションを促進する努力のはしりとも言うべきものだ。消費者はカンバセーションの中でブランドやブランド・ストーリーについて論評し、評価する。すばらしい論評や評価はネットワークのメンバーに影響を与え、彼らに当該ブランドやストーリーを受け入れさせるのである。

アマゾンやイーベイになじんでいる人びとは、ネットワーク上では歯に衣着《きぬ》せずに発言できるので、カンバセーションがマイナスの影響をもたらすこともあるという事実を知っている。消費者はどんなブランド・ストーリーにも盲点を見つけるものだ。ブランド・ミッションをパブリック・リレーションズ（ＰＲ）や販売の手段ととらえている企業にとって、消費者のこうした行動は脅威となる。だが、強力なインテグリティ（完全性）を持つストーリーにとっては、心配の種にはならない。そのようなストーリーはネットワークの中で信用を勝ち取るだろう。企業は消費者に報酬《ほうしゅう》を払ってインチキの論評を書かせるなど、お金を使ってカンバセーションに参加しようとしてはならない。消費者はそれを操作とみなすだろう。パインとギルモアによれば、消費者をだまそうとする企業は「ウソ製造機」というレッテルを貼られることになる。[21]

カンバセーションはクチコミではないし、単なる推奨でもない。肯定的なクチコミが、満足した消費者による推奨なのだ。フレデリック・ライクヘルドは、消費者がブランドをネットワークに推奨したいと思う度合いによってロイヤルティを測定する「ネット・プロモーター・スコア（NPS）」という実用的なツールを提案している。[22] 推奨する消費者は自分自身の信用をリスクにさらすのだから、強力なブランドだけが高い得点を得ることになる。これはブランドが消費者ネットワークの中でどれくらい力を持っているかを知るよい測定方法である。ほとんどの消費者が購買の判断を推奨に頼っているのだから、高得点は喜ばしい。だが、それはカンバセーションの完全なストーリーではない。クチコミが一対一の対話にすぎず、メトカーフの法則に従うのに対し、カンバセーションは多数対多数で交わされるもので、より正確なリードの法則に従うのである。

コミュニティで話題にされるブランド・ストーリーだけが、消費者ネットワークの力をフルに活用できる。ウェットペイントとアルティメーター・グループが行った最近の調査で、ソーシャル・ネットワークで最も強いエンゲージメント（愛着）を獲得したブランドは、売り上げを一八パーセント伸ばすことが明らかになった。[23] カンバセーションはきわめて強力なので、ブランド・ストーリーは当該ブランドがトラブルにみまわれているときでさえ力を持ち続ける。GM傘下《さんか》のサーブのコミュニティはその好例である。二〇一〇年初めの時点で、サーブは多額の負債を抱えており、GM

はサーブの事業所を閉鎖しようとしている。だが、「サーブのおかげでどう命拾いをしたか」とか、「ライトを点滅させて他のサーブ・ドライバーに挨拶する儀式」、「サーブ・オーナーの序列」といった、このブランドのストーリーは、依然としてカンバセーションの話題になっている。(24) ブランドについてのストーリーは、ブランド自体より長生きして、ブランドをアイコンとみなす消費者の中にロイヤルティを生み出すことがある。

まとめ——変化の約束、感動的なストーリー、消費者の関与

消費者に企業や製品のミッションをマーケティングするためには、企業は変化というミッションを掲げ、それを軸に感動的なストーリーを築き、ミッションの達成に消費者を参加させる必要がある。優れたミッションの策定は、大きな違いをもたらし得る小さなアイデアを見つけることから始まる。ミッションが先にくるのであり、金銭的見返りは結果としてついてくるものであることを忘れてはならない。ミッションを広める最善の方法は、ストーリーを語ることだ。ミッションを軸にしてストーリーを語るということは、メタファーに基づいてキャラクターとプロットを構築するということである。ストーリーが本物であると消費者に納得させるためには、ブランドについてのカ

ンバセーションに消費者の参加が欠かせない。顧客エンパワーメントが違いをもたらすカギなのだ。

消費者にミッションをマーケティングする際の原則は三つある。それは、普通ではないビジネス、人びとを感動させるストーリー、顧客エンパワーメントである。

第4章

Marketing the Values to the Employees

社員に対する価値のマーケティング

批判されている価値

ビジネスパーソンのイメージは、近年大きく損なわれている。多くの消費者の間で、大企業とその幹部たちに対する信頼は失われている。二〇〇九年に行われたさまざまな職業のイメージ調査によると、企業幹部の誠実さを高く評価していると答えたのは、回答者の一六パーセントにすぎなかった。(1) この調査では、自動車のセールスマンや広告会社の幹部など、マーケティングに関係のある職業が、一般の人びとから最も低い評価しか得ていないことも明らかになった。最も敬意を払われているのは、教師や医師や看護師など、人びとの生活により個人的な違いをもたらす職業である。

大企業とその幹部に対する否定的なイメージは、ここ一〇年のできごとを考えると驚くにあたらない。二〇〇〇年代の初頭以来、いくつもの企業不祥事がビジネスの世界を襲ってきた。これらの不祥事は、企業の価値を消費者や社員にとってほとんど意味のないものにした。なかでも最も目立ったのは、ワールドコム、タイコ、エンロンなどの不祥事だ。倒産につながったエンロンの不正会計処理は、時価主義会計を利用して利益を水増ししたり、損失を連結対象外の子会社に移したりするというものだった。

エンロン崩壊の過程を追ったベストセラー書 *The Smartest Guys in the Room*（最も頭の切れる男たち）を読むと、二〇〇〇年、つまり倒産一年前に同社がどのような価値を掲げていたかがわかる。[2] 同社の四つの価値のうち二つは、敬意と誠実さだった。残念ながら、エンロンのリーダーたちは、これらの価値をまったく実践しなかったのだ。不正会計処理が長年行われていたこと、またリーダーたちが無謀な取引のリスクに気づいていたことは明白だった。実際エンロンは、「財務上のごまかしが起きるのが当然ともいえる、深刻な機能不全の職場」とみなされていたのである。[3]

もっと最近の事例は、二〇〇九年三月の保険会社アメリカン・インターナショナル・グループ（AIG）のボーナスをめぐる論争だ。AIGは金融危機の際、政府の救済のおかげで倒産を免《まぬか》れた。にもかかわらず、政府に投入してもらった納税者のカネで幹部に巨額のボーナスを支払った。この問題が同社のイメージにとってとくに打撃になるのは、AIGの六つの価値のうち二つは──同社の「行動規範」によれば──敬意と誠実さだからである。[4] 一般国民から大々的な抗議を受けて、AIGの幹部たちは最終的にはボーナスを返却したが、彼らは敬意と誠実さをまったく実践していなかったわけだ。おまけに彼らは、会社は社員の信頼を裏切ったと、会社を非難したのである。AIGの執行副社長、ジェイク・デサンティスはCEO（最高経営責任者）のエドワード・リディに辞表を送るとともに、それを『ニューヨーク・タイムズ』紙に投稿した。

われわれ金融商品部門の者たちは、ＡＩＧに裏切られてきました。……この機能不全の環境では、もはや自分の職務を効果的に遂行《すいこう》することはできません。……あなたは、今度は金融商品部門の現在の社員たちに収入を返却するよう求めておられます。ご想像いただけるでしょうが、この信義違反にどのように対応するべきかについて、われわれは真剣に考え、白熱した議論を重ねてきました。われわれの大多数が不正なことは何もしていないのですから、収入を放棄するのは罪悪感からではありません。(5)

自社の価値に背《そむ》いた企業は、消費者からも社員からも叩《たた》かれるのは明らかだ。

社員の中には自社の価値を知らない者や、ＰＲのために価値を掲げているだけだと思っている者もいる。価値に本当に従っている一部の社員は、他の社員がそれを無視していることに失望する。このような場合には、企業はマーケティング３・０を実践しているとは言えない。マーケティング３・０では、企業は顧客にも社員にも価値を真摯《しんし》に受け止めさせなくてはいけないのである。

社員は会社の活動の最も直接的な消費者である。彼らは本物の価値によってエンパワーされる必要がある。(6)企業は社員に対しても、消費者に対するのと同様、ストーリーを語る必要がある。精神と共鳴するメタファー（比喩）を使うことは、社員に対しても有効だ。だが、社員にストーリーを語るのは消費者を相手にする場合よりむずかしい。自社の価値と一致する本物の社員経験を実現するということだからだ。価値に背く行動がひとつでもあれば、ストーリー全体が台無しになる。消費者は本物でないブランド・ミッションを容易に見抜くことができる。組織の内部にいる社員がまがい物の価値に気づくのは、それよりはるかに簡単だ。

非上場企業は一般に、強力な価値を築ける可能性が上場企業より高い。非上場企業は通常、投資家からの圧力がないので適正なペースで成長できる。社員一人ひとりに自社の価値を植えつけることもできる。また、営業活動は自社の価値の枠組み内で行われる。しかし、IBM、ゼネラル・エレクトリック（GE）、プロクター・アンド・ギャンブル（P&G）などが実証しているように、上場企業もこのような価値を実践することはできる。企業の価値を実践することで、第6章の後半で取り上げる利益能力（ProfitAbility）、投資収益能力（ReturnAbility）、持続能力（SustainAbility）が生まれるのだと、われわれは確信している。

価値の規定

レンシオーニによれば、企業の価値には参加承認価値（permission-to-play values）、願望的価値（aspirational values）、偶発的価値（accidental values）、中核的価値（core values）の四種類がある。[7] 参加承認価値は社員が入社時に備えているべき基本的な行動規準、願望的価値は現在は欠けているが経営陣が根づかせたいと思っているもの、偶発的価値は社員の共通のパーソナリティ特性の結果、得られるものだ。中核的価値、すなわちコア・バリューこそが、社員の行動を導く真の企業文化である。

企業はこれら四種類の価値を見分ける必要がある。参加承認価値はきわめて基本的なものなので、他の企業も同じ規準を持っている。プロ意識や誠実さといった価値は通常、当然のこととされており、したがってコア・バリューではなく参加承認価値である。また、願望的価値は社員がまだ身につけていないものであり、したがって基本的な企業文化を形成することはできない。偶発的価値も、異なるパーソナリティ特性を持つ未来の社員を排除する恐れがあるので、コア・バリューとすることはできない。四種類の価値を理解することは、企業がよりよいコア・バリューをデザインし、本物でない価値を回避するのに役立つのである。

本書では、社員がブランド・ミッションを実現する手引になるコア・バリューのみを取り上げる。われわれはそれを共有価値と呼んでいる。共有価値は企業文化の半分だ。残りの半分は社員の共通の行動である。企業文化を築くとは、共有価値と共通の行動を一致させるということだ。言い方を変えると、組織内での日常の行動を通じて価値を示すということだ（具体例については表4・1を参照のこと）。[8] 社員の価値と行動は、その会社のブランド・ミッションを反映していなければなら

表**4-1** **共有価値の実例**

企業	共有価値	共通の行動	マーケティング3.0の要素との関連性 協働	文化	創造
3M	協働的好奇心	社員は勤務時間の一部を使って自分独自のプロジェクトのために協働したり、出資を要請したりすることができる。失敗はイノベーションの一過程として受け入れられる。	●	◑	●
シスコ	人のネットワークの協働	オフィスは製品の実験室である。社員は在宅勤務を認められている。意思決定の権限は何百人もの幹部に分散されている。	●	●	◑
エンタープライズ・レンタカー	起業家精神	会長やCEOを含むすべての幹部が、管理部門の研修生としてスタートしている。業績のよい社員は支店の経営を行うチャンスを与えられる。	◑	●	◑
IDEO	学際的創造性	必ず学際的なメンバーでチームを組ませ、チームで仕事をさせる。社員は自分の働く空間を自由に設計することができる。	●	◑	●
メイヨー・クリニック	総合的なケア	複数の分野の医師、科学者、その他の医療専門家が協働して、個々の患者の診断・治療を行う。	●	●	◑
S・C・ジョンソン	家族の価値	金曜日には会議は行わない。夫婦がどちらもこの会社で働いている場合は、2人一緒に海外赴任する。	◑	●	◑
ウェグマンズ	食品に対する情熱	社員は食品についての知識を広める大使になるよう教育され、食品購入のために割引ギフト券を買うことができる。	◑	●	◑
ホールフーズ	民主主義	決定は社員の投票に基づいて下される。店舗は自治的に運営される利益センターである。	●	◑	◑

注：円の黒い部分が大きいほど関連性が高い

ない。消費者にブランド・ミッションをマーケティングするためには、社員が価値を体現する大使として行動することが必要なのだ。

共有価値の必ずしもすべてが、マーケティング3・0で必要かつ有効なわけではない。優れた価値は、ビジネス環境に作用している力――協働技術、グローバル化による文化の変容、創造性の重要度の高まり――と整合性を有するものだ。第1章でこれらの力について説明したが、情報技術によって力を与えられた相互に連結した世界では、人びとはひとつの目標を達成するために協働する傾向をますます強めている。グローバル化は文化の変容をまたたく間に、しかもたびたび生じさせる。さらに、人びとはマズローの欲求のピラミッドをのぼって、よりクリエイティブになりつつある。したがって、優れた価値とは、社員の協働的・文化的・創造的側面を活性化させ、育成するものをいうのである(図4・1参照)。

協働的価値を持つ企業は、社員が変化を起こすために他の社員や社外のネットワークと協働することを奨励《しょうれい》する。たとえばネットワーク機器の会社、シスコ・システムズは、文字通り技術と人のネットワークを築いている。社員は会社のネットワーク・インフラを利用して在宅勤務することができる。意思決定の権限は世界中の五〇〇〇人の幹部に分散されている。これによってシスコは、重要な決定を迅速に下すことができ、グローバルに散らばる幹部たちの協働に力を与えることができる。同社の価値は主として協働的なものだが、人びとをグローバルにつなぐことによって文化的な

図4-1　マーケティング3.0の文脈における共有価値と共通の行動

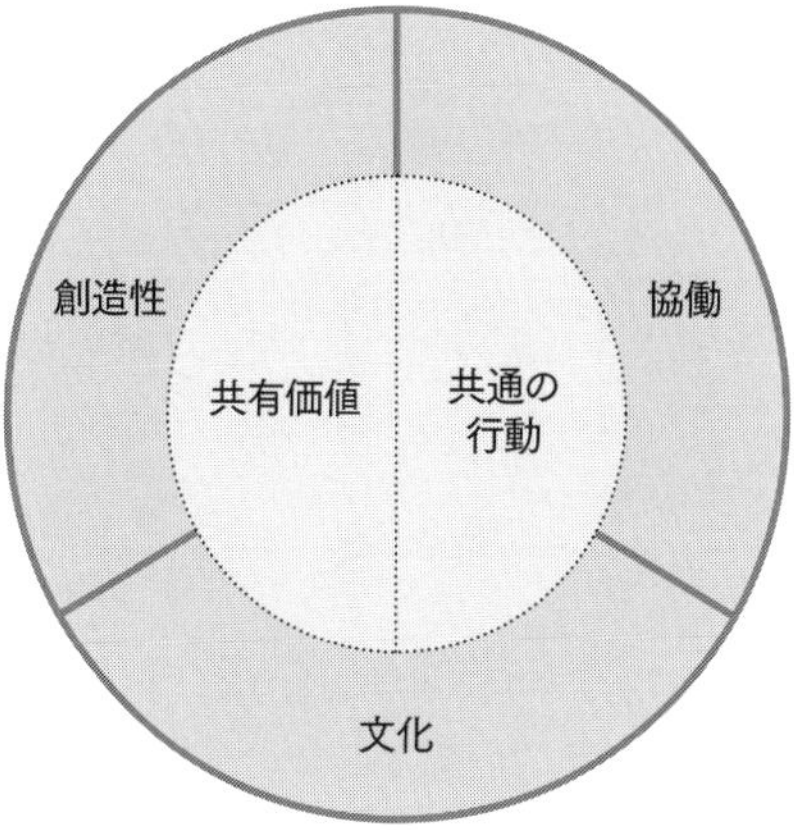

変化も生み出している。

メイヨー・クリニックも協働の価値を育んでいる。大勢の医師や他の医療専門家がチームを組んで、個々の患者に対応しているのである。彼らはより迅速に、より正確な診断をし、患者を総合的に治療するために協働する。協働の文化こそが、優秀な医師たちをメイヨー・クリニックに引き寄せているのである。この医療機関はいわゆる「メイヨー・クリニック医療モデル」を使うことで、患者に対する医師の接し方を変化させている。したがって、文化的な影響も及ぼしていることになる。(9)

文化的価値を持つとは、社員や職員に自分自身の生活や他の人びとの生活に文化的な変化を起こそうという気持ちを抱かせるという意味だ。ウェグマンズ・フード・マーケッツは食品に対する人びとの見方を変えている。同社の社員は、食品をかつてないほど深く味わうことを奨励されている。同社はまた、消費者が食品の本当のおいしさを知る手助けもしている。S・C・ジョンソン・アンド・サンは社員の家族観を変えることにより、社員が家庭生活でより大きな役割を果たすようにしている。同社は家族のために役立つ製品を開発している。自然食品スーパーのホールフーズ・マーケットは民主主義についての社員の感じ方を変えている。社員に影響を及ぼす多くの決定が社員の投票によって下されるので、社員はより大きな力を与えられていると感じるのである。エンタープライズ・レンタカーは大学の新卒者を採用して彼らを起業家に変え、彼らにその準備ができた時点で支店経営のチャンスを与えている。同社は人びとがレンタカーを使う理由も変えている。かつては旅行中に空港でレンタカーを借りる人がほとんどだったが、今日では職場や住まいの近くにレンタカー店がたくさんあるので、人びとはさまざまな理由で手軽にレンタカーを使っている。

最後に、創造的価値の構築とは、社員に自分の革新的なアイデアを育てて、それを他の人びとと共有するチャンスを与えるということだ。3Mやデザイン会社のIDEOなどは、競争優位の重要な源としてイノベーションを重視している。そのような企業では、クリエイティブな社員を擁《よう》することが不可欠だ。創造性を育むために、3Mは社員に勤務時間の一部を自分自身のプロジェクトのために使うことを認めている。社員はそのプロジェクトについて会社に出資を要請したり、同僚に支援を求めたりすることができる。首尾よくいけば、そこから会社の次の革新的製品が生まれるかもしれない。この方針は、創造性を育てるだけでなく、社員どうしの協働も促進する。製品が人びとの生活に影響を及ぼすことができれば、文化的な変化をもたらす可能性もある。

価値がもたらす利点

優れたコア・バリューは企業にいくつかの利点をもたらす。優れた価値を有する企業は、人材獲得競争で優位に立つことができる。よりよい社員を引き寄せて、彼らをより長く引き止めておけるのだ。社員の生産性についても、彼らの行動を導く優れた価値があるほうが高くなる。さらに、消費者との関係でも、社員は会社のよりよい代表になり、好ましい印象を与えることができる。優れた価値を持つ企業は、組織内の差異もよりうまく調整することができる。これは大企業にとってはとくに重要な点である。

◉人材を引き寄せ、引き止める

マッキンゼー・アンド・カンパニーが一九九七年に行った有名な調査によると、企業幹部の五八パーセントはブランドの価値と文化を社員の最大の動機づけ要因とみなしている。[10] それに対し、昇進や成長は三九パーセント、報酬《ほうしゅう》の差別化は二九パーセントの支持を得ただけだった。この調査結果が示していること、それは優れた価値は優れた人材を引き寄せるということだ。未来の社員は無意識のうちに自分の個人的な価値を企業の価値と比較して、適合しているものを探すのである。

理想主義者が多い最近の新卒者は、より適合を求める傾向にある。たとえば、ある調査ではMBA（経営学修士）コースの卒業生の五〇パーセントが、社会的責任を果たす企業で働くためなら喜んで給与の減額を受け入れると答えている。[11] この傾向は成長中の新興市場にとくにあてはまる。レディ、ヒル、コンガーによる最近の調査は、新興市場における人材の獲得と引き止めに焦点を当てたものだ。[12] 彼らの調査によると、ブラジル、ロシア、インド、中国の四カ国（BRICs）では、目的と文化が社員にとって最も重要な要因になっている。新興市場の被雇用者は、世界を変えるとともに自国に文化的変化をもたらす機会を与えてくれる雇用主を探しているのである。彼らは自社ブランドが約束しているものを社内でも実現する雇用主、すなわち優れた文化を持つ企業にも関心を持っている。

求職者が入社すると、彼らは会社の誠実さを吟味《ぎんみ》し、自社の掲げている価値をどのように実践しているかを観察する。トム・テレツによる社員意識調査は、目的が職場における有意義な経験のひとつであることを裏づけている。自社の価値が自社の事業に損害を与える場合でさえ、その価値を守る企業は社員の称賛を勝ち取ることになる。一例をあげよう。ベーグルワークスのコア・バリューのひとつは健康と安全だ。これらの価値に対する真剣な取り組みを示すために、同社は小麦粉を大袋ではなく小袋で買っている。小袋で買うほうが高くつくにもかかわらず、小麦粉の袋を運ぶ社員が腰を痛めないよう、そうしているのである。(13) 企業が誠実さを保ち、自社の唱えていることを実践することは必須の要件だ。雇用主の誠実さを目《ま》の当たりにすれば、社員はおそらく会社にとどまって全力を尽くすだろう。価値をしっかり守ることで、社員の忠誠心が高まるのである。

価値の変更につながるかもしれない企業の所有権移転は、社員の献身の度合いを低下させる可能性がある。強力な価値を掲げていたアイスクリームの会社、ベン・アンド・ジェリーズの事例を考えてみよう。二〇〇〇年にユニリーバに買収された後も、その価値は依然として強力だった。だが、二〇〇七年の同社の社会・環境評価報告で述べられているように、社員の献身の度合いは低下していた。おそらくユニリーバの傘下《さんか》に入ったことで、会社の価値はこの先どうなるのかという不安が続いていたためだろう。(14) この不安は、ザ・ボディショップがロレアルに買収されたときにも見られた。社員は成長の可能性が高まったことを認識していた。だが、問題は価値が維持されるかどうかだったのだ。ベン・アンド・ジェリーズやザ・ボディショップなど、価値を実践する強力な伝統を持っていた企業の場合、これはとくに重大な問題になる。(15)

◉社内の生産性と消費者に与える印象

社員の幸福は彼らの生産性に大きな影響を及ぼす。『サンデー・タイムズ』紙の「働きがいのある企業ベスト一〇〇」に入っている企業は、ＦＴＳＥ総合株価指数（ロンドン証券取引所における株価指数）より一〇パーセントから一五パーセント高い成長を遂《と》げている。[16] 自社の目的のすばらしさを信じているとき、社員の生産性は高くなる。彼らはマインドとハートと精神を仕事につぎ込むのである。スターバックスのハワード・シュルツは、社員のコミットメントについて述べるとき、これを「ハートを注《そそ》ぎ込む」と言い表した。

ポーターとクレーマーは、社会的目的を持っている企業は、自社を取り巻く外部環境を改善することで競争優位を獲得できると述べている。[17] たとえばマリオットは、教育程度が低い社員たちに有給で教育を受けさせている。教育を価値に加えることで、マリオットはより優秀で、より生産性の高い社員を採用することができるのだ。

価値によって導かれる社員は、より熱心に働くだけでなく会社のよりよい顔にもなる。彼らは会社のストーリーと一致する消費者価値を届ける。彼らの信念は日々の仕事の中で、とりわけ消費者とやりとりするとき、共通の行動を形づくる。彼らの行動は消費者が熱く語るブランド・ストーリーの一部になるだろう。企業は社員を、価値を体現する大使とみなすべきだ。消費者は社員の言動を見て、その企業が本物かどうかを判断するのである。

ウェグマンズが、他社より食品のことをよく知っていると主張するとき、その主張のインテグリティ（完全性）は消費者の店舗内での経験によって決定される。ウェグマンズの社員は食品についての知識を伝える食品大使になるよう教育される。同社は社員が食品の本当のおいしさを理解する手助けをしており、社員は自分が販売するあらゆる食品について事細《ことこま》かに知っている。だから、店舗内で消費者とやりとりするとき、彼らは消費者に食品について教えることができる。彼らはブランド・ストーリーのインテグリティを届けるのである。

最高の販売員は、自分の販売している製品を自分自身が使っており、その製品のことを隅《すみ》から隅まで知っている。シスコでは、社内の人びとや会社のネットワークとしっかりつながっているとはどういうことなのかを、社員は毎日経験している。日々の仕事が彼らにとっての製品トレーニングのようなものである。そのため彼らは、見込み顧客に対して、人と人が互いにつながることの利点について説得力のある現実的なストーリーを伝えることができる。彼らがブランド・ストーリーを語れるのは、自身がそれを経験しているからだ。ニコラス・イントはこれを“living the brand（ブランドを経験する）”と表現している。(18)

◉多様性の統合と促進

ローザベス・モス・カンターが大企業を対象に行った調査によると、強力な共有価値は、企業が一見、相対立するかに見える目標を同時並行で達成するのに役立つという[19]。大企業は多くの事業所を持ち、多様な社員を抱えている。共有価値は違いを小さくし、社員をひとつの企業文化の中に統合するのである。強力な価値をすべての社員が自分のものにしていれば、企業は社員に——本社から離れたところにいる社員も含めて——自信を持って権限を与えることができる。権限を与えられた社員は会社に利益をもたらすために全力を傾けるだろう。強力な共有価値を持つ企業は、通常、意思決定の分散化、つまりローカル化に成功する。このような価値は企業の標準化だけでなくローカル化にも役立つのである。

エンタープライズ・レンタカーはその好例だ。主として空港で営業しているエイビスやハーツとは異なり、エンタープライズは地方の町に積極的に進出している。同社の成功は同社が育んでいる文化に支えられている。エンタープライズのすべての社員が、勤勉で人当たりのいい起業家という強力な価値を体現しているのである。同社は長年使われている決まった手順を守ることで、この文化を築いている。大学新卒者を採用し、彼らに洗車や車の回送などの仕事に励むよう言い聞かせ、顧客との長期的なリレーションシップ構築方法を教え込む。そして、彼らが組織の階段をのぼって、その用意ができた時点で、彼らに支店の経営を任せるのである。[20] この道筋を経た社員は働き者の起業家になる。洗車や車の回送をしたり、リレーションシップを築いたりしている間に身につける謙虚さが、彼らを人当たりのいい人間に変貌《へんぼう》させるのだ。これらの社員は同じ価値を持っているが、それぞれが地元の市場についての独自の知識も持っている。価値のおかげでエンタープライズは個々の市場に合わせた戦略がとれるだけでなく、さまざまな市場の戦略を調整することもできる。価値はきわめて模倣しにくいので、エンタープライズは地方市場で先頭を走り続けている。

価値は多様性を統合すると同時に促進もする。『フォーチュン』誌が毎年発表している「働きがいのある企業ベスト一〇〇」を見ると、女性やマイノリティを採用することで多様性を育んでいる一群の企業が目につく。これらの企業の共有価値が多様な社員をひとつの文化の下に統合しているのであり、その多様性は共有価値のおかげで対立を生じさせずに維持されていくことになる。

言葉どおりの行動

価値を植えつけるために、ほとんどの企業が公式のトレーニングや非公式のコーチングという方法を使っている。価値のトレーニングは必要ではあるが、いくつか欠点があるように思われる。まず、トレーニングが実践的なものではなく、単なる説教になることがある。また、講師やコーチが、職場での日々の活動ではロールモデルになるような行動をとらないかもしれない。それを目にしたら、社員は掲げられている価値が口先だけのもので実践されてはいないことに気づくだろう。そのうえ、社員は受動的に話を聞かされるだけで、自分の考えを述べる機会があまり与えられないかもしれない。さらに、実践を通じて価値を経験してはいないため、社員の理解も限定的なものにとどまる。

マーケティング3・0はトレーニングやコーチングを超えたものだ。それは価値と行動を一致させるということなのだ。ジム・コリンズによれば、両者の一致を実現するために、必要なことが二つある。[21] 第一に、企業は価値を弱める恐れがある現在の慣行を見直す必要がある。企業のほとんどの慣行が価値そのものではなく、制度化されたものなので、これは容易ではない。慣行を変えるためには、その会社のリーダーたちが行動し、なおかつすべての社員と協働することが必要だ。たいていの場合、社員も会社の慣行について、価値と一致していないという感覚を持っている。だが、リーダーが彼らに権限を与えないかぎり、彼らは何も発言しない。第二に、企業は行動を直接、価値に結びつける仕組みをつくる必要がある。たとえば、イノベーションという価値を強化するために、売り上げの三〇パーセントを新製品から生み出さねばならない仕組みをつくってもよいだろう。マーケティング3・0とは、社員を変えることであり、社員に力を与えて他の人びとを変えさせることなのだ。

◉社員の生活を変える

自らを「五世代にわたり家族に愛される企業」と位置づけているS・C・ジョンソンの価値は、もちろん家族を大切にすることである。同社はこの価値を消費者だけでなく社員に対しても推進することに力を注いでいる。家族重視の価値を持つ企業で働くということは、仕事と家庭のバランスをうまくとりながら生活するということだ。S・C・ジョンソンの社員はまさにそのような生活を送ることができる。夫婦がどちらもS・C・ジョンソンで働いている場合、海外赴任は二人一緒にできるのである。(22) また、家族との週末のために社員が早く帰宅できるよう、金曜日の夕方には会議は開かれない。(23) S・C・ジョンソンで働くことで、社員は家族を大切にする人間に変わる。同社の価値は社員の生活に直接的な影響を及ぼしているのである。エリクソンとグラットンはこれを「組織のシグニチャー・エクスペリエンス（その組織で働くことでしか得られない経験）」を生み出すと呼んでいる。エリクソン、ダイクウォルド、モリソンの研究によると、社員は次の六つのセグメントに分類できる。

❶楽をして稼ぎたがるセグメント（手軽な成功を求める）

❷柔軟なわき役のセグメント（まだ仕事を優先事項とはみなしていないため、流れに身を任せる）
❸リスクと報酬を求めるセグメント（仕事を挑戦の機会とみなし、自らを奮《ふる》い立たせる）
❹個人の専門技能を生かしてチームとして成功したいと考えるセグメント（チームワークとコラボレーションを与えてくれる仕事を求める）
❺確実な前進をめざすセグメント（前途有望なキャリア・パスを求める）
❻目に見える足跡を残したがるセグメント（会社に永続的な影響を与える機会を求める）[24]

この分け方はマッキンゼー・アンド・カンパニーが生み出した社員セグメント化の枠組みと若干似通っている[25]。この調査では四タイプの社員が識別されていた。成長と達成を求める**勝ち馬に乗る社員**、高い報酬を求める**高リスク高報酬型社員**、柔軟性を求める**ライフスタイル型社員**、大きなミッションの貢献機会を求める**世界を救おうとする社員**である。

社員のセグメンテーションを理解することで、企業は標的セグメントにとってのシグニチャー・エクスペリエンスを設計するひらめきを得ることができる。また、自社に合わない社員、つまり自社の価値から逸脱して他の社員の経験を台無しにする可能性が高い社員を排除することもできる。マーケティング3・0では、シグニチャー・エクスペリエンスは協働的、文化的、創造的でなければならない。

企業は自社のコア・バリューに最も満足する可能性が高いセグメントに狙いを定める必要がある。創造的な価値を持つ大胆な企業は、リスクと報酬を求めるセグメント（高リスク高報酬型社員）にとって最適かもしれない。貧しい人びとへの製品提供機会を与えてくれる文化的価値を持つ企業は、目に見える足跡を求めるセグメント（世界を救おうとする社員）に適しているだろう。個人の専門技能を生かしてチームとして成功したいと思うセグメントは、世界中の人びとと協働する機会を与えてくれる協働的価値を持つ企業にとって、最適のターゲットである。

◉社員に力を与え変化を起こす

「言葉で教えてくれても忘れてしまうだろう。見せてくれれば覚えているかもしれない。関与させてくれれば理解するだろう」という中国の格言がある。この言葉は社員のエンパワーメントにあてはまる。社員に力を持たせるためには、彼らを関与させることが必要なのだ。彼らの生活が会社の価値によって変えられたら、今度は彼らが他の人びとの生活を変える番だ。つまり、企業は社員が変化をもたらすためのプラットフォーム（基盤）をつくる必要があるわけだ。

社員のエンパワーメントはさまざまな形をとり得る。最も一般的なのはボランティア活動だ。ヒルズとモハマドは、ボランティア活動は会社の資源を利用する戦略的効果がある場合に高い効果をあげると述べている。[26] カンターは著書 *SuperCorp*（スーパー企業）で、ＩＢＭの例を紹介している。[27] 二〇〇四年一二月に東南アジアの国々が地震と津波にみまわれたとき、ＩＢＭの社員たちは被災者の支援を目的とするイノベーションを推し進めた。ＩＢＭには当初ビジネス上の関心はなかったのだが、このイノベーションは後に商業的利益をもたらした。カンターによれば、スーパー企業とは、カネを稼ぐ方法の中に大きな社会的目的を組み込んでいる先駆的企業を言う。このような企業は社会的目的のために活動しながら戦略的効果をあげる。大きな効果をあげるボランティア活動は、スーパー企業になるためのひとつの方法である。

エンパワーメントのもうひとつの形は、イノベーションによるものだ。ＩＤＥＯは世界トップレベルの製品デザインを生み出すことで知られている。創業者のデイビッド・ケリーによれば、同社はそのためにマズローのピラミッドをのぼって人間中心のデザインに取り組み、製品に性能とパーソナリティを持ち込んだ。クライアントの問題を解決する革新的な製品を開発するために、同社はマーケティング、心理学、物理学、人類学、経済学などの専門家をそろえた学際的なチームにプロジェクトを担当させる。ＩＤＥＯはこの独自の手法をもう一歩進めて、社外の人びともこれを利用できるようにしている。ゲイツ財団や他の多くの非営利組織（ＮＰＯ）と協力して、途上国の社会問題に対する解決策を編み出すためのオープンソースのツールキットを作成しているのである。

エンパワーメントは権限を分かち合うことを意味することもある。マーケティング３・０におけるリーダーの役割は、部下にやる気を起こさせることだ。リーダーは必ずしも単独で意思決定を行うわけではない。シスコやホールフーズなどの企業は協働民主主義を実践しており、社員は意思決定や投票を通じて会社の未来を形づくる機会を与えられている。これらの事例では、企業がますますコミュニティ化しつつある。コミュニティにおける決定は、成員の共通の関心を推進するために共同で下される。

まとめ――共有価値と共通の行動

マーケティング3・0において、企業文化とはインテグリティ（完全性）のことだ。つまり、社員の共有価値と共通の行動を一致させることである。ビジネス環境に作用している力を考えると、企業文化は協働的、文化的、創造的でなければならない。社員の生活を変えるとともに、社員に他の人びとの生活を変える力を与えなければならない。インテグリティを築くことで、企業は人材市場で競争優位に立ち、生産性や消費者とのインターフェイス（接点）を向上させ、組織内の差異をうまく管理することができる。社員に価値をマーケティングすることは、消費者にミッションをマーケティングすることに劣らず重要である。

第5章

Marketing the Values to the Channel Partners

チャネル・パートナーに対する価値のマーケティング

成長の移動と協働の必然性

デルは、直販《ちょくはん》モデルを導入することでコンピューター産業に革命を起こした。消費者はカスタム・コンピューターを注文して、それを直接配送してもらえるようになった。デルは消費者と直接関係を結び、再販業者の省略により、利益をすべて手にすることになる。中間業者を省くというこの有名な方式のせいで、デルは中間業者、すなわち再販業者から敵とみなされていた。当初、競合他社はこのビジネスモデルに懐疑的だったが、後《のち》にはそれを模倣しようとして、結局は失敗した。たいしたライバルもいないまま、デルの独走は軌道に乗り、一九九九年には、アマゾン・ドットコム、イーベイ、ヤフーが束《たば》になってもかなわない最大手のインターネット販売業者になっていた。(1)

二〇〇五年以降はすべてが変わった。デルにとって思いもよらないことに、世界が変わったのだ。成長は止まり始め、デルの株価は下落した。それはひとつには、アメリカ市場が成熟し始めていたためだった。専門家たちはデルに、この問題を解決するために中間業者を入れるよう勧めていた。サニル・チャプラもそのひとりで、成熟した市場では消費者がコンピューターを次第にコモディティ(日用品)とみなすようになり、カスタム化にあまり関心を持たなくなると、サニルは主張した。(2)

そして、直接販売と間接販売のハイブリッド・モデルに移行するか、カスタム化モデルを再販業者経由で行うかのどちらかにするべきだと忠告した。どちらのモデルにするにせよ、デルは中間業者と協働し始める必要があった。

デルの挫折の二つ目の理由は、同社が消費者と直接関係を結ぶことから価値を引き出すモデルに頼っていたことだった。市場が成熟してくると、消費者は他の魅力的なコンピューターを見つけるようになる。デルは中国やインドなどの新しい成長市場に目を向けることもできただろう。だが、あいにくこれらの市場では、ほとんどの消費者がコンピューターをオンラインでは購入しない[3]。ハイテクなインターネットによる接触よりハイタッチな（濃密な）人との接触を好むのである。直販モデルは成長市場の消費者のニーズには応えられなかった。この点からも、デルがそれまでとは正反対のビジネスモデルを導入すること、すなわち間接販売に乗り出すことは不可欠だった。

公式には認めていなかったが、デルは二〇〇二年には、企業顧客を相手にしているソリューション・プロバイダーを通じて、実際に直販モデルを間接販売で補完していた[4]。だが、転換点は二〇〇五年だった。当初はデルに不信感を持っていた再販業者たちとひそかに関係を築き始めたのだ。この動きは成果をもたらした。二〇〇七年半《なか》ばには、公式のパートナーシップは一件も発表されていなかったものの、チャネル・パートナーを通じた売り上げはデルの総売り上げの一五パーセントを占めるまでになっていたのである[5]。二〇〇七年一二月、デルはついに「パートナーダイレクト」プログラムを発表し、一万一五〇〇社のパートナーと協力関係を築いており、さらに週当たり二五〇社から三〇〇社のペースでパートナーを増やしていることを明らかにした(6)。

過去二年余りのうちに、デルが消費者と直接関係を結ぶという自社の最も重要なケイパビリティ(能力)を、チャネル・パートナーと直接関係を結ぶケイパビリティに変換したのは明らかだった。デルは再販業者に一社ずつ話をもちかけ、彼らのフィードバックに耳を傾け、「パートナー・アドバイザリー・カウンシル」会議で話し合うことを提案した。創業者のマイケル・デルが自らこの会議に出席して、不信感をぬぐいきれずにいたチャネル・パートナーを説得した。かつては流通・販売チャネルの天敵だったデルは、今では消費者に対する配慮と同様の配慮をしながら新しいパートナーを受け入れている。

デルの変身物語はビジネスの世界に存在する相対立する力を示している。デルはテクノロジーのおかげで、直接販売が生み出す価値をつかみ取ることができた。だが、テクノロジーはグローバル化の力も作用させた。最大の価値はもはや先進国の市場にはなく、テクノロジーの採用がまだメインストリームの潜在顧客まで到達していない途上国の市場に移っているのである。従来の流通方法が通用しない途上国の市場では、別の方法が必要だ。これらの市場には社会的・経済的・環境的問題が山ほどあり、企業は新しい流通ネットワークを築く前に、それらの問題に取り組む必要がある。未知の領域に進出するにあたって、企業は新しいパートナーと協働せざるを得ないのである。

先進国の市場も、従来とはまったくタイプの異なる市場に変わってきている。市場の成熟は、進行中の大きな変化を知らせる小さなシグナルにすぎない。社会が高度になるにつれて、消費者はより高次の欲求を満たそうとするようになり、基本的欲求は二の次になる。消費者は社会的・経済的・環境的インパクト（影響）に、より大きな関心を払うようになる。ジェームズ・スペスはこの現象を、ポスト成長社会の特徴とみなした。[7] カスタム化が消費者にとって、もはやさほど重要ではないという日がくるかもしれない。ポスト成長社会のこうした変化は、デルや他の企業にとってぜひとも理解しなければならない点だ。企業のマーケティング・チャネルの選び方や使い方にとって重大な意味合いを持っているからである。

マーケティング3・0におけるチャネル・パートナー

われわれはチャネル・パートナーを複雑な経済主体とみなしている。チャネル・パートナーは企業と消費者と従業員が混じり合っているような存在だ。彼らはそれぞれ独自のミッションやビジョン、価値やビジネスモデルを持つ企業である。同時に、対応されるべきニーズやウォンツを持つ消費者である。そのうえ、従業員と同じく最終消費者を相手にし、顧客インターフェイス（接点）を形成する。マーケティング3・0では彼らの役割はきわめて重要だ。彼らは企業にとって協働相手になり、同時に文化的変化の推進者になり、さらに創造的パートナーにもなるからである。

◉協働相手としてのチャネル——相性のよいパートナーの選定

チャネル・パートナーの管理に手こずっている企業は、パートナーを適切に選ばなかったということだ。マーケティング3・0では、チャネル・パートナーの選定には目的・アイデンティティ・価値を鏡映しにするプロセスが必要である。鏡映しにするとは、企業は自社とまったく同じ目的・アイデンティティ・価値を持つパートナーを選ぶ必要があるということだ（図5・1参照）。

目的はチャネル・パートナー候補の総合的な最重要目標のことであり、比較的突き止めやすく調査もしやすい。アイデンティティはパートナー候補のキャラクターにより深くかかわるもので、したがって理解するためにはより踏み込んだ調査が必要だ。価値は、パートナー候補の組織内で共有されている信念にかかわるものであるから、さらに見きわめにくい。

ザ・ボディショップは、創業から数年間は主としてフランチャイズ店に支えられて成長した。同社は故アニータ・ロディックの素朴なキャラクターの上に築かれた企業である。創業者の誠実さと素朴さは、製品の説明的なネーミングや天然素材の使用、それに供給業者との公正な取引に見られるように、ビジネスのあらゆる面に反映されている。ロディックが自身の店舗で製品を販売してい

図5-1｜相性のよいチャネル・パートナーを選ぶ

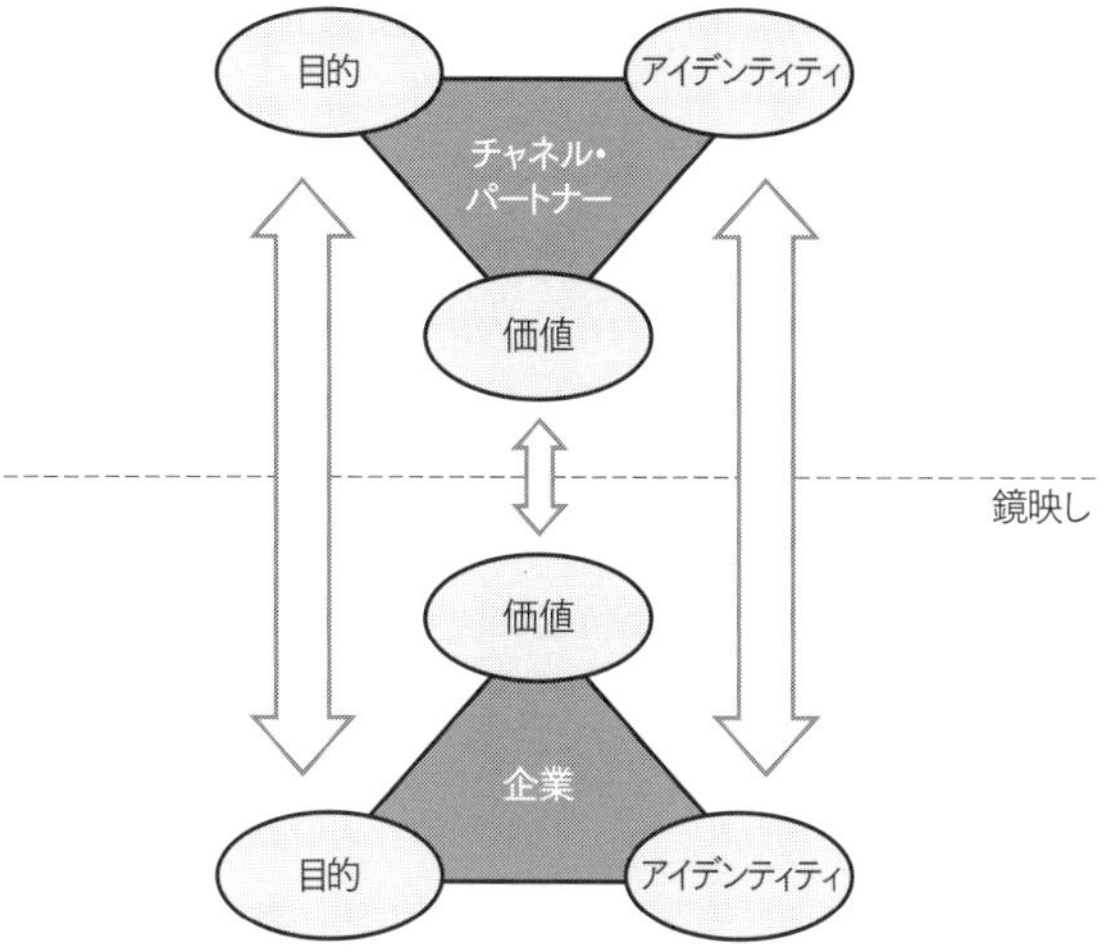

たときは、型破りな手法を自由に応用できたので何の問題もなかった。だが、成長の必要性が出てきたとき、彼女は複数チャネルに移行せざるをえなくなり、自社のチャネル・パートナーとしてフランチャイズ店が最適だと判断した。

チャネル・パートナーの選定にあたって、彼女がとった手法はきわめて個人的なものだった。最終面接を自分自身で行い、その面接の間にチャネル・パートナー候補のキャラクターを理解しようとしたのである。彼女が求めていたのは、利益を生むことより違いを生み出すことに関心のある人びとだった。男性より女性のほうが社会や環境について自分と同じ価値観を持っている可能性が高いことに彼女は気づいた。そのため、初期にはザ・ボディショップのフランチャイズ店経営者の九〇パーセントが女性だった。フランチャイズ・システムという手法は明らかに成功した。ザ・ボディショップは創業後の一〇年間に、年率約五〇パーセントのペースで成長したのである。(8)

ベン・アンド・ジェリーズがユニリーバに買収される前にロシアで結んだパートナーシップと、この話を比較してみよう。ベン・アンド・ジェリーズも、ザ・ボディショップと同じく社会的責任を果たす企業として設立された。そして、やはり素朴な手づくりの製品を販売するところからスタートした。アイスクリームである。世界をよりよい場所にするという長期的なビジョンを持っていたので、ベン・アンド・ジェリーズの初期の経営陣は積極的な成長には関心がなかった。自社の価値を本当に理解している社内の人間を選んで、控え目な拡大を指揮させるというやり方が常にとられていた。

アイスクリームはロシアで大人気の食べ物だったが、ベン・アンド・ジェリーズがロシアに進出したのはビジネス上の判断からではなかった。利益を目的としていたのではなく、長年続いた冷戦の後遺症が残る中で、アメリカとロシアの関係を強化したいと思ったからだった。一九九〇年代にロシアの地に足場を築くことにしたとき、ベン・アンド・ジェリーズはそのトップとして信頼できる人間、デイブ・モースをアメリカから派遣した。だが、モースひとりでは仕事はできないので、チャネル・パートナーを使う必要があった。

ベン・アンド・ジェリーズ・ブランドを成長させるためにロシアで適切なパートナーを見つける

のは容易なことではなかった。パートナー候補はたくさんいたが、社会的責任を果たすというベン・アンド・ジェリーズの価値を本当に理解している企業は一社もなかった。パートナー候補たちは積極的な成長を追い求める野心的で利益志向の企業だった。彼らはベン・アンド・ジェリーズのブランドが自社にとって貴重な資産になることを確信していたが、その基盤をなす価値については理解していなかったのだ。結局、ベン・アンド・ジェリーズは生活協同組合連合会（Intercentre Cooperative）をパートナーに決めて、ロシアに進出した。

パートナーたちが完璧でないことは最初から明白だった。ベン・アンド・ジェリーズとパートナーたちは別々の方向をめざしており、彼らの価値は一致していなかった。パートナーたちは、手っ取り早い成功を求めていきなりモスクワで事業を始めようとしたが、ベン・アンド・ジェリーズの経営陣は、同社がバーモント州の小さな町で創業したように、ロシアでもペトロザヴォーツクという小さな町でつつましく出発したいと思っていた。ベン・アンド・ジェリーズとロシアのパートナーたちは、当時のロシアでは当たり前だった賄賂《わいろ》についても対立する意見を持っていた。パートナーたちが調達する環境にやさしい原料の質も、ベン・アンド・ジェリーズの経営陣の高い期待を満たしてはいなかった。(9)

ラッカムとフリードマンとラフは、共有価値の重要性を強調し、(10)パートナーシップが成功するかどうかを決定づける三つのおもな評価事項を指摘した。第一に、両者がともにウィン－ウィンの結果を望んでいるかどうかを、パートナーシップの双方の主体がきちんと検討する必要がある。望ましいパートナーシップは縦の関係ではなく横の関係を生み出す。それぞれの主体がその協働から公平な利益を得る必要がある。第二に、両者がともに高い品質基準を維持しているかどうかを、それぞれのビジネス主体が調査する必要がある。品質に対して同じ姿勢をとっている企業は、パートナーシップを築ける可能性が高い。最後に、それぞれのビジネス主体がパートナー候補の独自の価値を見きわめて、自社の価値と両立するかどうかを判定する必要がある。

クイ、ラジュ、チャンによる研究も、共有価値の重要性を裏づけている(11)。企業とチャネル・パートナーの協力関係に公正さという価値が存在する場合には、チャネル構造全体で価格の安定を調整するのが容易になり、したがってチャネル全体の経済性を高めることができる。企業が公正な取引価格を設定すれば、チャネル・パートナーはそれに応じて市場で公正なエンドユーザー価格を設定するだろう。このような公正なパートナーシップの仕組みは、企業とチャネル・パートナーの間でコスト情報の透明性を高めることによって実現可能になる。

企業がチャネル・パートナーに価値をマーケティングする第一歩は、パートナー独自の価値を理解することだ。マーケティング3・0では、二つのビジネス主体の協働は二人の人間の結婚に似ている。互いのビジネスモデルを理解し、ウィン－ウィンの交渉を行い、健全な契約を交わすことに加えて、目的と価値とアイデンティティが鏡映しになることが欠かせないのである。アニータ・ロディックがとったような個人的な手法が最善であるのはそのためだ。

◉文化的変化の推進者としてのチャネル・パートナー——ストーリーを広める

成長の必要性を考えると、企業はチャネル・パートナーに消費者とのインターフェイスを取り仕切ってもらう必要がある。そのため、企業は自社の価値のマーケティングを流通業者に頼るようになる。企業がプロモーション媒体を通じて消費者に直接語りかける機会を持たない場合は、とくにそうだ。一例として家具メーカー、マリア・イーの事例を見てみよう。二〇〇七年にアメリカで販売された家具のうち、半分近くが家具小売業者を通じて販売されていた。[12] マリア・イーも他の家具メーカーと同じく、主要小売業者三社を通じて中流上位層の市場に製品を販売している。クレイト・アンド・バレル、ルーム・アンド・ボード、マグノリア・ホーム・シアターの三社である。マリア・イーは環境にやさしい製品を販売することに力を入れている。グリーンであること、つまり環境に配慮するという価値は、同社のビジネスモデル、とりわけ持続可能な素材の使用や環境に配慮している供給業者とのパートナーシップにはっきり示されている。

残念ながら、マリア・イーは消費者と直接的なインターフェイスを持っておらず、そのためチャネル・パートナーを通じて自社の「グリーン」メッセージを伝えている。グリーンであるという価値を守り続け、業界のエコ運動を主導していくために、創業者のマリア・イー自身が、小売業者と個人的なリレーションシップを維持している。小売業者の役割は、消費者にマリア・イーのブランド・ポジショニングを伝えることだけではない。環境にやさしい家具を使うことの一般的な利点を宣伝することも、彼らの仕事である。グリーン製品は通常、消費者に値段が高いと思われている。マリア・イーはチャネル・パートナーに全面的に頼って、消費者に高くはないことを納得してもらおうとしている。そのためには、チャネル・パートナー自身が、マリア・イーの製品は価格の点でも競争力があると納得する必要がある。

それに対し、消費者向けパッケージ商品（CPG）の大手メーカーは、流通はやはりチャネル・パートナーに全面的に依存しているものの、消費者と直接触れ合うタッチポイントを設けることが多い。有機ヨーグルト製品のメーカー、ストーニーフィールド・ファームは、すべての製品を流通業者経由で自然食品店やスーパーマーケットに販売している。それでも、この健康志向の企業は、消費者と直接触れ合う場を設けて自社の社会的・環境的ミッションを伝えようとしている。同社は好意的なクチコミを生み出すために「マイ・ストーニーフィールド」というコミュニティを築いている。また、ユーチューブを使って消費者にメッセージを送り届けている。

チャネル・パートナーを通じてブランド・ストーリーを広めるためには、一貫性のあるパーソナルな取り組みが必要だ。それがうまくいかないときは、企業はシグナルを送るという方法でチャネル・パートナーの考えを変えさせる必要がある。企業は消費者にストーリーを直接広めることによって、関心を生み出すことができる。多くの消費者が反応を示してチャネル店舗で当該ブランドを探すようになれば、それはチャネル・パートナーへの強力なシグナルとなる。そのブランドでは価値が強いインパクトを持っており、そのブランドを店に置くことは自社の利益になるというシグナルである。

ときには消費者自身がチャネル・パートナーになることもある。これは、途上国市場の低所得の消費者にマーケティングするときはとくにあてはまる。途上国では、貧しい人びとに対するマーケティングの最大の課題はアクセス（到達手段）だ。マーケティング・ミックスの諸要素のうち、アクセスがないことで最も影響を受けるのはプレイス（流通）とプロモーション（コミュニケーション）の二つである。とりわけ農村部では、多くの製品や情報が貧しい人びとに簡単には届けられない。これらの消費者に製品を届けることができれば、市場浸透度が高まり、同時にこれらの消費者の生活も向上する。バチャーニとスミスはこれを、社会的責任を果たす流通と呼んでいる[13]。

社会的責任を果たす流通において、最高のモデルが築かれている国はインドである。インドは貧困を根絶するために努力を重ねてきた。統計を見ると結果は明るい未来を示唆《しさ》している。貧困の中で暮らしている人の割合は、一九八一年の六〇パーセントから二〇〇五年には四二パーセントに減少しているからだ[14]。成功の大きな要因のひとつは、貧しい人びとへのアクセスを拡大する努力にある。これは、インドの消費支出全体の八〇パーセント前後を農村部の消費者が占めていた事実から見てとることができる。[15] インドで活動している企業は、貧困と戦う過程で人のネットワークを活用する革新的な流通手法を編み出しているのである。

インドのＩＴＣ（食品、嗜好品《しこうひん》メーカー）や、ヒンドゥスタン・リーバ（消費財販売）などの企業は、農村部で自社製品を販売するために、貧しい人びととパートナーを組むという面で重要な役割を果たしている。ＩＴＣは「ｅチョーパル（e-Choupal）」を開発したことで広く知られている。これは農民が天候や穀物価格に関する情報にアクセスできるようにするシステムで、これによって農民は中間業者を通さずに生産物を消費者に直接販売することができる。ＩＴＣはその農民パートナーのネットワークを利用して、消費財から医療・金融サービスまでの多様な製品・サービスを販売するミニモール・ネットワーク「チョーパル・サーガルズ（Choupal Saagars）」も開発した。一方、ヒンドゥスタン・リーバは、農村部の女性のコミュニティに消費財を販売する力を与えている。ヒンドゥスタン・リーバの流通パートナーになることで、女性たちは追加的な収入を得ることができる。二つの企業はそれぞれ異なる方法で、社会的責任を果たすという自社の価値を、自社の消費者でもあるチャネル・パートナーに売り込んでいるのである。

インドの消費者の八七パーセントが家族や友人の推奨《すいしょう》を根拠に製品を購入している事実を考えると、[16] ＩＴＣやヒンドゥスタン・リーバが行っていることは理解できる。インドでは、とりわけ農村市場を標的にするとき、ピア・トゥ・ピア（仲間から仲間へ）の販売が最も広く用いられるゴー・

トゥ・マーケット（市場導入）戦略であるのは、主としてこのためだ。

新しい成長市場では、流通は多くのチャネル・パートナーのネットワークに支えられている。革新的な流通モデルは、消費者のコミュニティ化という新しい現象に根ざしている。消費者の役割はブランドの宣伝に限定されてはおらず、ブランドの販売も含むようになっている。インドに見られるような極端な事例において、チャネル・パートナーは個々の消費者である。さほど極端でない事例では、チャネル・パートナーは地元のことをよく知っていて消費者のコミュニティと個人的な接触ができる小企業である。これらのチャネル・パートナーは大企業より信頼されているので、消費者にブランド・ストーリーを伝える最も望ましい媒体だ。消費者は彼らの言葉には耳を傾ける。成長市場を求めているデルのような企業は、この新しいトレンドを取り込む必要がある。

◉創造的協力者としてのチャネル——リレーションシップを管理する

マーケティング3・0では、力は消費者が握っている。残念ながら、必ずしもすべての企業が消費者に直接アクセスできるわけではない。一般に、企業と消費者の間には仲介者が存在している。これらのチャネル・パートナーは製品を市場に流通させるだけでなく、消費者とのタッチポイントも提供する。チャネル・パートナーはメーカーより重要な存在と認知されていることもある。たとえばIT産業では、消費者はメーカーより付加価値再販業者と深いリレーションシップを結ぶことが多い。付加価値再販業者はソリューション（解決策）を提供する能力があると認知されており、それに対しメーカーはコモディティの構成部品を販売しているにすぎないとみなされているのである。

このようにチャネル・パートナーの重要性が高まっていることで、企業はパートナーを管理するにあたって、これまでより多くの要因を考慮しなければならなくなっている。第一に、企業はチャネル・パートナーにとっての自社製品の利益貢献度や在庫回転率、それに全般的な戦略的重要性を理解しなければならない。第二に、企業は共同マーケティングや店内プロモーションによって、また小売店舗にブランドが常に存在しているようにすることで、小売りレベルでの「セリングアウト（売り渡し）」プロセスに対する深い関心とそのプロセスを積極的に管理する姿勢を示す必要がある。最後に、企業はチャネル・パートナーの全般的な印象や満足度にも関心を持ち、理解する必要がある。

企業とチャネルの統合というこのコンセプトは、チャネルがバリューチェーン（価値連鎖）という鎖のますます重要な輪になり、多くのチャネルや企業が消費者の忠誠心や愛着心を奪い合っている今日のような状況では、とくに重要だ。バリューチェーンによる統合がなければ、企業とチャネルは、他の競争相手に立ち向かうために互いに協力して双方に利益になる機会を見つけるのではなく、利幅や消費者の影響力を奪い合うゼロサム・ゲームの対立を繰り広げることになるだろう。

企業とチャネルの統合は通常、企業とチャネル・パートナーの基本的な協力、とくに小売りプロモーションにおける協力から始まる。リレーションシップが強まるにつれて、企業とパートナーは互いの間で統合し始め、当該産業のバリューチェーンを構成する他のメンバーとも統合するようになる。統合のプロセスには、定期的な情報共有や合同の戦略策定が必然的に含まれる。パートナーシップが次の段階に進んだら、価値が統一されて企業とチャネル・パートナーの間に違いはまったく見られなくなる。

創造的なチャネル・パートナーシップには、われわれの観察によると四つの発展段階がある。企業が販売活動のすべてを、直販部隊であれ単一のチャネル・パートナーであれ、ひとつのチャネルに頼っているとき、その企業は第一段階にある。「単一チャネル」の段階である。多くの企業が地域という狭い舞台で創業し、そこではすべての販売を自社のセールス部隊か単一のチャネル・パートナーでカバーできるのである。

成長するにつれて、企業は売り上げや製品の入手しやすさを高めるために販売地域を拡大しようとする。そのため流通業者を増やしたり他のチャネルを加えたりするが、それぞれの流通業者やチャネルの販売地域や販売相手を制限することはしない。この戦略は通常、流通業者どうしや他のチャネルとの間で販売活動におけるコンフリクト（衝突）という結果になる。この第二段階は、「複数チャネル」の段階で、企業は複数の流通業者やダイレクト・チャネルに販売するが、製品やセグメントや地域によって業者やチャネルを使い分けることはしない。

より高度な流通システムでは、チャネル間のコンフリクトという問題を考慮して、自社の市場を地域、消費者セグメント、もしくは製品セグメントによって分割する。それぞれの流通業者やチャネルは市場の一部を与えられて開拓することになる。この第三のレベルは、「地域別チャネル」の段階で、企業はチャネル間のコンフリクトを避けるために流通業者やダイレクト・チャネルの活動に明確な境界とルールを設ける。

最も高度な流通システムでは、企業が使うさまざまなチャネル間で分業が行われる。この分業によって、ひとつのセグメント市場や地域市場にタイプの異なる複数のチャネルが共存することができる。これらのチャネルは互いに競争するのではなく協働することになる。この第四のレベルは、企業がさまざまなチャネルに仕事を分担させる「統合型マルチチャネル」の段階だ。顧客を奪い合うのではなく協力することで、ひとつの地域市場内もしくはひとつの市場セグメント内に複数のチャネルが共存する。たとえば、コンピューター・メーカーが複数のチャネルに仕事を割り振るかもしれない。需要の喚起はウェブサイトに、消費者経験の創出は直販店に、流通とテクニカル・サポートの提供は再販業者に、企業顧客への販売と最寄りの再販業者の紹介は営業部隊に、という具合にだ。企業はこの最も高度な統合の達成をめざすべきである。統合型マルチチャネル段階では、企業とそのチャネル・パートナーは創造力を駆使して、チャネル間のコンフリクトを起こすことなく消費者に供給する新しい方法を見つけるのである。

まとめ――価値主導のチャネル・パートナーシップ

マーケティング3・0におけるチャネル管理は、似通った目的とアイデンティティを持ち、最終的には似通った価値を持つようになる適切なチャネル・パートナーを見つけることから始まる。パートナーシップをさらに前進させるためには、企業はパートナーと統合してブランド・ストーリーにインテグリティ（完全性）を持たせる必要がある。

第6章

Marketing the Vision to the Shareholders

株主に対する
ビジョンのマーケティング

経済を害する短期主義

二〇〇八年九月、リーマン・ブラザーズが破綻《はたん》した。(1) 一五八年の歴史を持ち、一九三〇年代の大恐慌も乗り切った企業だったが、今回の金融危機の最初の一三カ月を乗り切ることはできなかった。リーマン社はついに史上最大規模の倒産を申請し、大恐慌以来、最悪の金融危機をさらに悪化させた。リーマンの崩壊は、アメリカの金融史上有数の壊滅的な月に起きた一連の崩壊のひとつにすぎなかった。(2) ファニー・メイとフレディ・マックは国有化され、アメリカン・インターナショナル・グループ(AIG)は救済された。ワシントン・ミューチュアルはFDIC(連邦預金保険公社)に資産を差し押さえられ、ワコビアは売却された。

ジェームズ・コリンズの *How the Mighty Fall*(山岡洋一訳『ビジョナリー・カンパニー3衰退の五段階』日経BP社)は、企業の崩壊というこの現象を説明したもので、企業がどのような段階を経て崩壊に至るかを記している。コリンズの主張はこうだ。成功している企業は往々にして傲慢《ごうまん》になり、わが社には多くのことができると思う(第一段階)。そのため、無謀な成長を積極的に追い求める(第二段階)。失敗の早期警報サインを目にしても、それを無視する(第三段階)。やがて失敗が誰の目にも明らかになり（第四段階）、改革を行わなければ最終的に倒産する（第五段階）[3]。これらの段階は、現実的な目標設定の欠如と積極性が企業の崩壊を招くことを示している。企業は往々にして、短期的な成長を実現したいと強く思うあまり視野が狭くなり、リスクを見落としてしまうのだ。

リーマン・ブラザーズの倒産から一年後の二〇〇九年九月、ウォーレン・バフェットやルイス・ガースナーを含む二八人の著名人が、アスペン・インスティテュートがまとめた共同声明に署名した。金融市場の短期主義を終わらせ、株主や社会のために長期的な価値創出を促す方針を生み出そうと呼びかける声明である[4]。この声明は、経済を崩壊させかねないリスクの高い戦略を推進する企業の姿勢に、短期主義が大いに関係していることを認めたものだった。署名した人びとは、長期志向の資本主義が重要な貢献をするという考えで一致し、株主にもっと辛抱強い投資を行うよう促している。

株主のこうした短期志向は政府の関心もとらえてきた。イギリス財務省のマイナーズ金融サービス担当次官は、先ごろ企業の戦略的方向性を決定するにあたって、長期株主のほうが短期株主より多くの議決権を与えられる二層型の株式保有構造を提案した[5]。この制度の下《もと》では、短期株主の議決力は制限される。提案はまだ議論の段階だが、家族経営の企業に起源を持つ本制度は、企業の短期的な意思決定を減らす一助になると多くの人が考えている。

アルフレッド・ラッパポートによれば、株主の期待を満たすために収益を短期的に管理するやり方は株主価値を損なう。(6) ほとんどの企業が、価値を生み出す長期的な投資を減らしてまで短期的な株主の期待を満たそうとしていることを、ラッパポートは明らかにした。本章において、われわれは、企業に短期的な株主の期待を満たすことから長期的な企業業績を達成することにパラダイムを移すよう促す。株主は基本に戻って、企業の価値は主として長期的な未来のキャッシュフローから生まれ、未来のビジョンが企業の業績を決定するのだということを理解しなければならない。

株主の定義は企業の成長段階によって変わる。コトラー、カルタジャヤ、ヤングは、共著書 *Attracting Investors*（森谷博之訳『コトラーの資金調達マーケティング』PHP研究所）で、企業が発展するにつれて株主の性格がどのように変わるかを説明した。(7) スタートアップ企業は当初、内部の資金を使って自力で前進する。創業から二、三年後には、エンジェルから出資が得られるかもしれない。エンジェルとは、大きな金銭的見返りを期待して、もしくは起業家支援に対する自身の関心を満たすために、自分個人の資金を使ってスタートアップ企業に出資する個人投資家のことをいう。

その後、これらの企業は、主としてベンチャー・キャピタリスト――投資管理の経験と資金プールを持っている人びとの集団――からの未公開株投資を引き寄せ、その助けもあってやがて新規株式公開（ＩＰＯ）を実現する。ＩＰＯの際には、企業は公開市場で売買できる株式を発行し、それによってこれまでより幅広い投資家を引き寄せる。株式の保有者は当該企業に持ち分を有することになる。企業は債券を発行することで資金を調達することもでき、その場合、債券の保有者は定期的な利払いと満期時の償還金を受け取ることになる。銀行や他の金融機関は企業のもうひとつの資金調達源であり、企業は金融機関株主のことを理解し、彼らのニーズを満たす必要がある。

経営陣の役目は株主だけでなくそれ以外のステークホルダー（利害関係者）のためにもリターンを稼ぎ出すことだ、という新しい見方が生まれてきている。賢明な企業は、株主だけでなくすべてのステークホルダー——消費者、社員、チャネル・パートナー、政府、非営利組織（NPO）、公衆全体——に目を向ける。成功している企業は決して独力で成功しているのではない。ステークホルダーの優れたネットワークがあるから成功しているのであり、ステークホルダーすべてが、その企業とその企業の成果に対して分け前を要求する権利を持っている。ステークホルダーを満足させる、すなわち彼ら全員が報われたと感じるようにすることで、企業は概して短期的な株主利益の最大化だけに集中しているときより高い長期的収益性を生み出せるようになる。

長期的な株主価値＝持続可能性を包含したビジョン

コリンズやポラスと同じくわれわれも、企業のビジョンは自社のミッションと価値を自社の未来像に結びつけることで生まれるものだと考えている。[8] わが社の未来の姿はかくありたいというメンタルモデルが企業のビジョンなのだ。

企業にとって最も強力な未来のトレンド、とりわけ資本市場におけるトレンドは、持続可能性にかかわる問題である。持続可能性は、企業が長期的な株主価値を生み出すうえで、きわめて重要な課題である。だが、持続可能性には二つの定義がある。クンリューサーによれば、企業は持続可能性を「ビジネスの世界で企業が長期的に存続すること」とみなしている。[9] それに対し社会は、持続可能性を「環境や社会の健全さが長期的に存続すること」ととらえている。企業は従来、これら二つの間に相乗効果を見出《みいだ》してはいなかった。

近年、コモディティ化した世界で新しい競争優位性を求める中、企業はようやく両者の相乗効果を実現する機会に気づくようになっている。われわれをこの結論に導く近年の最も重要な二つの展開――市場の二極化と資源の不足――について説明していこう。

◉二極化――成熟市場と貧困市場

一九九〇年代末以来、ビジネスピープルを悩ませてきた大きなトレンドをひとつ挙げるとすれば、それは市場の二極化だ。市場はトップエンドとボトムエンドの両極にますます移行しており、中間市場が消滅しつつある。シルバースタインとブットマンは *Treasure Hunt*（飯岡美紀訳、杉田浩章監訳『なぜ安くしても売れないのか』ダイヤモンド社）で、アメリカの年収五万ドルから一五万ドルの中間層消費者は、トレーディングアップ（消費する製品やサービスのランクを上げること）か、トレーディングダウン（消費する製品やサービスのランクを下げること）のどちらかを行っていると指摘した。[10] 彼らは自分の楽しみとして手の届く範囲の贅沢《ぜいたく》を求めるか、特価品を求めるか、その両方のいずれかだと言う。著者たちの推定によると、二〇〇六年のアメリカにおけるトレーディングアップの規模は五〇〇〇億ドル、それに対しトレーディングダウンの規模は一兆ドル前後だった。日本やドイツにも似通ったトレンドがあることに著者たちは気づいている。ヨーロッパ、北米、および他の数カ国において、二五種類の産業や製品カテゴリーを対象にしたクヌードセン、ランデル、ルグホルムの調査も、同じトレンドをとらえている。[11] 一九九九年から二〇〇四年の間に、中間市場製品の売り上げの伸びは市場の平均を年率六パーセント下回っていたのである。

このことは市場の構造と競争のあり方にとって重要な意味合いを持っている。企業はトップエンド市場かローエンド市場のどちらかをターゲットにしなければならない。いずれの場合でも、社会や環境の状態にもっと気を配らなければならない。社会や環境の状態はローエンド市場に大きな影響を及ぼし、しかもそれはハイエンドの消費者の関心事になりつつあるからだ。

トップエンド市場は成熟してきており、ハイエンドの消費者は持続可能性に関心を持つようになっている。トップエンドの製品で市場のより上の層を狙う場合は、マーケターは持続可能性という概念を真剣に考慮する必要がある。持続可能なビジネスモデルで消費者の精神を感動させる必要がある。このような実践の先駆者的な事例は、ホールフーズ、アウトドア用品を扱うパタゴニア、デザイン家具メーカーのハーマン・ミラーなどの企業に見出すことができる。これらの企業は相対的に高い価格を請求しているが、持続可能なビジネス活動に喜んで割増価格を払うきわめてロイヤルティの高い消費者基盤を保持している。

その一方で、ボトムエンドにもトップエンドよりはるかに大きな消費者層が存在している。そして将来、高成長の源になるのはまさにこの市場なのだ。貧しい人びとこそが新しい市場機会であると、複数の専門家が主張している。C・K・プラハラードとスチュアート・ハートは、市場ピラミッドの底辺にある潜在的な富に注目してきた最も著名なビジネス思想家だ。プラハラードの *The Fortune at the Bottom of the Pyramid*（スカイライト・コンサルティング訳『ネクスト・マーケット』英治出版）とハートの *Capitalism at the Crossroads*（石原薫訳『未来をつくる資本主義』英治出版）は、成長中の消費者市場としての、またイノベーションの重要な実験場としての貧しい人びとの潜在力を認めている。[12] クレイトン・クリステンセンは、破壊的技術は通常貧しい社会の問題に対する解決策として生まれてくる、とまで主張した。[13] インドでは、より多くの製品を貧しい人びとが入手できるよう、多くの画期的なイノベーションが実現されている。フィリップ・コトラーとナンシー・リーは、*Up and Out of Poverty*（塚本一郎監訳『コトラー　ソーシャル・マーケティング』丸善）で、より多くの人を貧困から脱出させるためにソーシャル・マーケティングをどのように利用できるかについて示している。[14]

貧しい人びとは、所得の低さに加えてアクセスの問題もあり、かつては入手できなかった製品に強い憧れを抱いてきた。これらの消費者をターゲットにしたいと考える企業は、消費に対する障害を乗り越える解決策を提供する必要がある。二〇〇六年のノーベル平和賞受賞者、ムハマド・ユヌスは、貧しい人びとの所得の増加をマイクロファイナンス（小口金融）によって銀行がどのように手助けできるかを示した。[15] コカ・コーラやユニリーバなどの企業は、ありふれた製品をどうすればより多くの孤立した農村に届けられるかを示している。[16] これらの解決策は、先進国の企業がより多くの貧しい消費者に接触し、製品やサービスを提供するのにも役立つだろう。

◉資源の不足――地球には限界がある

ビジネスにおける環境の持続可能性という概念は、過去二〇年から三〇年の間に進化してきた。[17] 製造業部門が成長していた一九八〇年代、重点は工場排出物による汚染の防止と削減に置かれていた。消費者中心のビジネス活動が広まった一九九〇年代になると、環境の持続可能性という概念は、プロダクト・スチュワードシップ（製品のライフサイクル全体を通して環境への影響を最小限に抑えようとする考え方）を意味していた。企業は環境にやさしい製品を開発するためにしのぎを削った。

今日では、天然資源がますます希少になり、強い消費成長を長期的には支えられない恐れが出てきている。一部の資源の価格は急騰しており、企業にとっての、そして最終的には消費者にとってのコスト負担を増大させている。環境的課題に対応するために、企業は資源やエネルギーを節約する必要がある。少ない資源をうまく管理する企業が最終的な勝者になるだろう。天然資源の持続可能な供給を得られることが、次第に強力な競争優位になってきているのである。

環境の持続可能性という概念を採り入れているホールフーズのような企業を目にするのは、もはや珍しいことではない。ホールフーズはニッチ（すき間）市場に向けて有機製品を提供していることで知られている。だが、二〇〇六年にウォルマートのような巨大企業がこの概念を採用する動きを発表したとき、持続可能性がビジネスの世界で今後はニッチ的価値ではなくなることが明白になった。[18] ウォルマートは環境的により健全な活動で生産性を高めることを約束し、より持続可能な供給源から製品を仕入れることも約束した。それは持続不可能な活動のコストが上昇しており、コストを下げる唯一の方法はグリーンになること、すなわち環境にやさしいビジネス活動を採用することであるというシグナルだった。それはまた、持続可能なサプライチェーン（供給連鎖）を確保することが近々企業にとって大きな課題になるだろうという警告でもあった。

二〇〇七年のノーベル平和賞を受賞したアル・ゴア――地球温暖化に関する彼の映画 *An Inconvenient Truth*（『不都合な真実』）はアカデミー賞二部門で最優秀賞に輝いた――は、地球の環境容量の限界について、またそれがビジネスの世界に課す大きな制約について積極的に発言してきた。金融危機はビジネスピープルの目を覚まさせ、この先二五年にわたり環境の持続可能性がビジネスの未来を形づくるという事実を認識させた、と彼は主張している。[19]

環境の持続可能性は貧困緩和の進展具合も決定するだろう。持続可能性のジレンマ、すなわち貧困は緩和するべきだが、それは限られた資源で行う必要があるというジレンマが生まれ始めている。途上国の政府は、積極的な経済成長で貧困を緩和しようとする一方で、概して環境保全をないがしろにする。そのうえ、貧しい人びとは、生存を維持するために乏しい天然資源――清潔な水や空気、肥沃《ひよく》な農地――を消耗せざるを得ない。これらの活動が貧しい人びとの環境水準や生活水準をさらに低下させることになる。以上の問題に対する解決策は、貧困地域の社会的起業家が開発する環境にやさしいイノベーションにある。社会的起業については第8章であらためて触れよう。

持続可能性と株主価値

二つのトレンド——二極化と資源の不足——は、持続可能性に向かう動きを強化するだろう。企業は持続可能性の波に乗ることで得られる競争優位を次第に認識するようになっている。価値主導の企業であるとは単によき行いをするという意味ではないということを理解している企業のひとつがゼネラル・エレクトリック（GE）である。同社のCEO（最高経営責任者）であるジェフ・イメルトは、持続可能性をビジネス環境の変化に対処する必須の要件とみなしている。[20] 成熟市場と成長市場には大きな隔たりがあり、その隔たりを埋めることでGEに魅力的なビジネスがもたらされると考えている。彼はさらに、資源不足によるコストの上昇で、企業は革新的な解決策を生み出さざるを得なくなっており、GEは解決策の一部になりたいと思っていると述べている。GEは社会的問題の解決によって利益を生み出せることを実証したいと思っており、これはソーラー・パネル、風力発電システム、水質調査に関する同社の活動にすでに明白に示されている。大手上場企業であるGEでは、持続可能なビジネス活動を株主価値を生む手段とみなしているのである。

コンサルティング会社、A・T・カーニーによれば、持続可能な活動を実践している企業は金融危機の間、概して他の企業より高い業績をあげていた。[21] 二〇〇八年五月から一一月までの株価を見ると、調査した一八産業のうち一六産業で、持続可能な活動を採り入れている企業の株価は業界平均を一五パーセント上回っていたのである。持続可能な活動を実践している企業は、ビジネス環境の変化に対してより柔軟に適応でき、より大きな株主価値を生み出せるということだ。

エコノミスト・インテリジェンス・ユニットが世界各地の企業幹部一二五四人を対象に行った二〇〇八年の調査も、企業の持続可能性と株価成長率の間に関連があることを裏づけている。[22] 自社の社会的・環境的影響を縮小することに力を入れている企業の幹部は、年間の利益成長率は一六パーセント、株価成長率は四五パーセントだったと回答し、それに対し持続可能性を重視していない企業の幹部は、年間の利益成長率は七パーセント、株価成長率は一二パーセントだったと回答したのである。

そのうえ、調査対象となった企業の幹部は、持続可能性の概念は企業にとって好ましいものだと思っている。回答者の約三七パーセントが持続可能性は消費者を引き寄せると答え、三四パーセントがそれは株主価値を高めるとし、二六パーセントがそれは優秀な社員を引き寄せるとした。持続可能性に関する自社の実績について株主に伝えることは、この先五年間における自社の課題の優先事項であると、これらのビジネスリーダーの約六一パーセントが答えていた。二四パーセントが最優先事項とし、三七パーセントが重要な優先事項としていたのである。

持続可能性に対する関心は投資家の間でも高まっており、持続可能な活動を追跡する指標の開発を推進している。たとえば次のような指標がある。

●KLDブロード・マーケット・ソーシャル・インデックス（BSMI）は、望ましいビジネス活動を、環境・社会・ガバナンス（ESG）に関する配慮を含むものと定義している。[23]

●FTSE4グッド・インデックスは、優れた企業を、環境の持続可能性のために努力し、すべてのステークホルダー（利害関係者）と建設的な関係を持ち、普遍的人権を擁護《ようご》し、サプライチェーンで高い労働基準を維持し、賄賂《わいろ》の慣行と戦う企業と定義している。[24]

●ダウ・ジョーンズ・サステナビリティ・インデックス（DJSI）は、持続可能なビジネス活動を、持続可能性意識の高い消費者の市場潜在力をつかみ、廃棄物管理や危機緩和のコストなど、持続不可能な活動に関連したコストやリスクを低下させることによって、より高い利益生産性を達成する手段とみなしている。また、企業の持続可能性を「経済的・環境的・社会的進展から生まれる機会をとらえ、リスクを管理することによって、長期的な株主価値を生み出すビジネス・アプローチ」と定義している。[25]

●ゴールドマン・サックスは、持続可能な活動を実践している企業のリストを含む「GSサステイン・フォーカス・リスト」を打ち出している。[26] 世界がますます透明になり、成長がBRICs（ブラジル、ロシア、インド、中国）諸国に移行していることを認識して、ゴールドマン・サックスはこのリストにBSMIのものと似通った環境・社会・ガバナンス（ESG）の概念を採り入れている。さらに、代替エネルギー、環境技術、バイオテクノロジー、栄養などの新しい産業の分析とそれらの産業の活動も盛り込んでいる。

簡単に言うと、これらの指標は企業のトリプル・ボトムライン、すなわち利益、地球、人間に関連した企業業績を追跡するものだ。企業が社会に及ぼす経済的・環境的・社会的影響を測定するのである。だが、デイビッド・ブラッドは、持続可能な活動を企業戦略の分かちがたい一部であると認識していないとして、これらの指標を批判した。[27] 指標を開発するにあたっては、持続可能性調査を行うチームは戦略調査を行うチームとはたいてい別になっている。そのため、持続可能性と戦略の関連がときおり無視されてしまうからだ。

ビジョナリーのマーケティング

ウィラードによれば、企業が持続可能なビジネス活動というコースを選ぶおもな理由は三つある。(28)ひとつは創業者が個人的な情熱を持っていること。有名な実例は、ベン・アンド・ジェリーズのベン・コーエンとジェリー・グリーンフィールド、ザ・ボディショップのアニータ・ロディックとゴードン・ロディック夫妻、パタゴニアのイヴォン・シュイナードなどだ。二つ目の理由は、一般大衆の反発や活動家の運動のために企業がPR上の危機を経験することである。デュポンはPR上の危機のために持続可能な活動を開始した企業の一例である。三つ目の理由として、企業は規制当局の圧力のために持続可能な活動を選ぶこともある。ナイキや石油関連企業のシェブロンは、途上国での活動の一部を規制当局から厳しく監視されている。

だが、これらの理由は持続可能な活動が継続されることを保証するわけではない。企業が売却されたら、創業者はその会社のビジネス活動を守れなくなる。PR上の危機や規制当局の圧力は、喉《のど》元《もと》すぎればなんとやらで、通常長期的な解決策にはならない。長期にわたって継続されるためには、持続可能な活動は、企業のミッション、ビジョン、価値から生まれる当該企業の戦略でなければならない。経営陣は持続可能性を、自社を競合他社から引き離す競争優位性の源とみなす必要がある。株主に企業のビジョンをマーケティングするにあたっては、これが必須要件になる。

株主へのマーケティングには、消費者や社員やチャネル・パートナーへのマーケティングとは異なるアプローチが必要だ。株主は消費者とは異なり、魅力的なブランド・ストーリーにさほど感動するわけではない。株主は企業文化に強い愛着を感じている社員とも異なる。株主にとって最も重要な検討事項は、投資に対するリターンが得られるかどうかだ。それでも株主こそが、企業の持続可能性を守る責任を負っている主体である。株主とは、企業のパフォーマンスをモニターし、幹部たちがきちんと仕事をするよう取り計らう個人や組織をいうのである。

すでに述べたように、消費者や社員の精神を感動させるとは、つまりはこれらの人びとの生活に違いを生み出すということだ。資本市場の人びとの精神を感動させるためには、それとは別のアプローチが必要だ。株主にマーケティング3・0の理念の重要性を納得させるには、企業は持続可能性の実践が競争優位を築き、それによって株主価値が高まるという明白な証拠を示す必要がある。

株主がパフォーマンスと言うとき、それは収益性と投資収益性を意味する。収益性は短期的な目標であり、それに対し投資収益性は長期的な目標である。アマゾン・ドットコムやイーベイなどの企業は創業から数年間は利益を出さなかった。だが、投資収益性が期待できたので株主は投資したカネを引きあげなかった。株主の精神を感動させるための最も重要な課題は、持続可能性と収益性および投資収益性の関連を見つけ出すことである。

株主に対してビジョンをマーケティングするためには、健全なビジネス・ケース（事業投資によってもたらされる利益やリスクを明確に記したもの）を作成する必要がある。マッキンゼーがCFO（最高財務責任者）と投資のプロたちを対象に行った二〇〇八年のグローバル調査は、企業と社会の間には契約があり、持続可能なビジネス活動は株主価値を高めると、企業幹部が確信していることを明らかにした(29)。

経営陣には持続可能性の長期的な利益を、できれば財務的観点から、株主に伝える義務がある。われわれは財務データとして数量化できる重要な測定項目を三つ選び出した。**コスト生産性の向上、新しい市場機会が得られることによる売り上げの増大、企業のブランド価値の向上**である。最初の測定項目は収益性に直接影響を及ぼし、最後の測定項目は長期的な投資収益性に影響を及ぼす。二つ目の測定項目は、収益性と投資収益性の両方に影響を及ぼすので、真ん中に置かれている。

◉コスト生産性の向上

優れたミッションは、力を持つようになった消費者から支持される。企業はネットワークの力の恩恵を受け、そのおかげでコストが低下する。消費者のコミュニティが企業ブランドについての好意的なクチコミ評価を広めてくれるのだ。満足した顧客がその満足を他の顧客に伝えるので、企業の広告コストは大幅に低下する。あまりコストがかからない消費者との共創のおかげで、製品開発コストも低下する。消費者エンパワーメントとは、消費者に対するサービス・コストが低下するということでもある。一部のビジネス・プロセスを消費者自身が行ってくれるからだ。

強力な価値を実践している企業は、社員やチャネル・パートナーから支持される。社員の幸福度は高く、彼らの労働生産性は向上する。採用や引きとめのコストも節約できる。社員は日々の仕事でそれらの価値を実践しているので、トレーニングの必要性が減り、この面でもコストを節約できる。社員は顧客とのやりとりをより上手にこなし、そのおかげで顧客の苦情に関連するコストが低下する。そのうえ、チャネル・パートナーはより協力的で、報酬《ほうしゅう》の引き上げを強引に求めてくる可能性は低い。

社会的・環境的文脈でも、健全な活動はコストを低下させる。カウフマン、ライマン、エルゴット、ラウアーが二〇〇社を対象に行った調査によると、企業は環境に配慮した活動を採用することで競争優位を獲得できるという[30]。生産性が向上し、消費する資源の量が減り、生み出す廃棄物の量も減るのである。カナダ企業一〇〇社を対象にしたクラッセンの調査も、グリーンになることでコストを節約できることを裏づけている[31]。廃棄物管理やエネルギー消費をより効率的に制御でき、公衆の反発に関連したコストやリスクが低下し、原料へのアクセスがより持続可能になるのである。低所得市場では、流通はコミュニティのネットワークに支えられている。消費者が他の消費者へのチャネルになってくれるおかげで、マーケティング・コストが低下する。社会や環境に配慮した活動は消費者に好印象を持たれるので、消費者獲得のためのコストも低下する。

経営陣は魅力的なストーリーを構築するとともに、これらの長期的なコスト節減を株主に伝えなければならない。コストが上昇している事業では、生産性の向上は大きな競争優位性になり得る。景気の後退期には、コスト節減は企業がその景気後退を乗り切れるかどうかを本当に決定づけることがある。

◉新しい市場機会による売り上げの増大

マーケティング3・0の活動はさまざまな形で機会をもたらす。企業の観点から言うと、優れたミッション、ビジョン、価値を持つ企業は、そうでない企業よりも容易に新しい市場に参入できる。優れたミッション、ビジョン、価値を持つ企業はそうでない企業よりも歓迎されるのであり、途上国の成長市場に参入する機会を与えられる。途上国の政府は自国の人びとの生活を変えている企業投資を歓迎する。これらの企業は、そのミッションの追求に対して非政府組織からも支持を得る。さらに、通常は規制の厳しい市場でより大きな自由を与えられる。健全なビジネス活動を実践していれば、企業は思い煩《わずら》わねばならないことが少なくなる。新しい市場に参入できるということは、とりわけ新市場では他の市場より競争相手が少ないので、売り上げと利益の増大が見込めるということだ。

持続可能な活動を実践している企業は、市場の両極、すなわち成熟市場と貧困市場の両方にアクセスできる。成熟市場の消費者は、持続可能性という概念をすこぶる気に入っている。それは彼らの精神を感動させるからだ。コーンの調査は、金銭的に厳しい時期にもかかわらず、消費者の四四パーセントがグリーン製品を購入し続けていることを明らかにした[32]。消費者の約三五パーセントが金融危機の後《のち》、グリーン製品に対する関心が高まったと回答したほどだ。フォレスター・リサーチの調査も、消費者の八〇パーセントが社会的責任を果たすブランドに心惹《ひ》かれており、一八パーセントがそうしたブランドには喜んで割増価格を払うことを明らかにしている[33]。また、環境的責任を果たすブランドは消費者の七三パーセントを引きつけており、それらの消費者のうち一五パーセントが割増価格を払ってもよいと思っている。それに対し、貧しい消費者のコミュニティは、自分たちの問題を解決してくれる製品やサービスを必要としている。社会的責任を果たす活動は、よりよい解決策をもたらし、当該企業に対する尊敬を勝ち取るだろう。

マーケティングの観点から言うと、持続可能な活動を実践することで、企業は新しい市場セグメント、とくにますます拡大している協働的で文化的に活発で創造的な消費者のセグメントをターゲットにすることができる。持続可能な活動は消費者の称賛を勝ち取り、消費者のカンバセーション（会話）をスタートさせる。コミュニティ内での高い評価のおかげで、企業は消費者を獲得しやすくなる。これらすべての便益が企業の売り上げの増大に大きく貢献するのである。

◉企業のブランド価値の向上

ハッチとシュルツは、企業のビジョンはイメージや文化とともに、企業ブランドの構築に役立つと述べている。[34] 企業ブランドは企業が生産するどんな製品にも承認印を押してくれる。ザ・ボディショップは、動物実験をしないという理念の信憑性《しんぴょうせい》を疑ったジャーナリストから挑戦状を突きつけられたとき、動物実験なしのシンボルとして消費者に広く知られている自社の企業ブランドを掲げて対抗した。そのジャーナリストの主張は、ザ・ボディショップのインテグリティ（完全性）を傷つけることはできなかった。

企業の幹部は、持続可能な活動が自社の信用を高めることを知っている。BSRとコーンの二〇〇八年の調査によると、経営のプロたちの約八四パーセントが、企業の責任を果たすことによる信用上の便益がますます重要になっていると考えている。[35] だが、企業の信用という概念は目に見えないものであり、したがって株主に受け入れられにくい。幸いなことに、インターブランドやブランド・ファイナンスなど、多くのコンサルティング会社が企業ブランドの信用や資産価値を評価するサービスを提供している。ブランド資産価値の評価は財務的に説明することができ、したがって株主にとってより意味のあるデータとなっている。たとえばインターブランドは、GEの「エコイマジネーション」計画――環境問題に対する解決策を提供するための計画――によって、同社のブランド価値は二五パーセント上昇したと算定している。[36] この評価結果は、持続可能性への取り組みが、企業の信用とブランド価値に大きな影響を及ぼし得ることを示している。

まとめ――マーケティング3・0のためのビジネス・ケース

株主を納得させるためには、企業の経営陣はミッションや価値に加えてビジョンを策定して、株主に伝える必要がある。マーケティング3・0では、企業のビジョンは持続可能性という概念を包含していなければならない。その概念が長期的な競争優位性を決定づけるからだ。ビジネス環境の変化、とりわけ市場の二極化と資源の不足は、持続可能性の重要度がますます高まる大きな要因である。企業は株主に対して、持続可能な活動の採用がコスト生産性を向上させ、より大幅な売り上げの増大につながり、企業のブランド価値を高めることを伝える必要がある。

第3部
APPLICATION
応用

第7章

Delivering Socio-Cultural Transformation

社会文化的変化の創出

ポスト成長市場に対するマーケティング

成熟に向かっている市場は、マーケターに必ず挑戦を突きつける。成長はほとんどなく、ときにはまったくないこともある。既存の消費者は豊富な知識を持ち、製品をコモディティとみなしている。創造的な企業は卓越したサービスやエキサイティングな経験を持ち込んで、成熟市場で自社を差別化しようとする。それらは市場の成長をしばらくは促進するかもしれないが、やがてやはりコモディティと化す。マーケターは一段上に進んで、変化を生み出す必要がある。[1] 変化は人びとの生活に強いインパクト（影響）を与えるので、より持続しやすい。

アメリカやイギリスのような成熟市場では、好ましい社会文化的インパクトを有する企業を、ますます多くの消費者が支持するようになっている。最近の調査から次の点に注目してみよう。

- コーンの調査は過去一五年にわたり、アメリカの消費者の八五パーセントが社会的課題を支援している企業によいイメージを持っていることを一貫して示してきた。厳しい経済情勢の中でも、消費者の半数以上が、企業による社会的課題の支援を期待している。[2]

●景気後退が続いていた二〇〇九年にも、アメリカ人の三八パーセントが社会意識の高い活動を行っていた。(3)
●イプソス・モリの調査によると、イギリスの消費者の大多数（九三パーセント）が、企業に製品やサービスの社会的インパクトを高めるよう望んでいる。(4)

企業は社会の課題に取り組み、解決策を見つける必要がある。アメリカの深刻な社会的課題は、健康、プライバシー、オフショアリング（海外への業務委託）による雇用の喪失などだ。これらの課題は何年も前から存在している。誰もがこれらの問題を知っており、それでいてどこかひとつの企業が一夜にして解決できるとは誰も思っていない。3・0段階のマーケターであるとは、独力で変化を生み出すことではなく、他の企業と協働してクリエイティブな問題解決方法を見つけ出すということなのだ。

成熟市場の企業は、二つの要因のために変化を生み出す解決策を探さざるを得ない。その二つとは、未来の成長の必要性と強力な差別化の必要性だ。次に記す二つの事例は、消費者のライフスタイルを変化させることがなぜ成長を促進し、強力な差別化を生み出すのかを示している。

◉未来の成長の必要性——子どもの栄養に関するディズニーの活動

ザ・ウォルト・ディズニー・カンパニーは、主としてエンターテインメント事業を営んでいる。テーマパークの運営に加えて、ミッキー・マウス、ドナルド・ダック、くまのプーさんなど、多くのキャラクターを持つ世界最大のキャラクター・フランチャイザー（キャラクターの使用をフランチャイジーに許可する事業者）でもあり、ワーナー・ブラザーズやニッケルオデオンといった他の有名なキャラクター所有者を大きく引き離している。ディズニーはキャラクター・フランチャイズ市場における自社の立場をさらに強化するために、先ごろ競争相手のひとつ、マーベル・コミックを四〇億ドルで買収した。[5]

主体のエンターテインメント事業に加えて、同社は子どもにアクセスできる強みを生かして消費者製品の販売も行っている。この事業分野では、消費者の健康問題——とりわけ肥満——に取り組んでおり、健康問題を自社のビジネスモデルに組み込んでいる。[6] ディズニー・コンシューマー・プロダクツ（DCP）は、数社のパートナーと協働して子どもたちの食習慣を変えようとしているのである。

DCPは二〇〇四年、ユニセフ（UNICEF）の報告書により、アメリカの五歳から九歳の子どもの三〇パーセント以上が体重過多、一四パーセントが肥満であることを知った。DCP自体は、この問題の大きな一因とはみなされていなかったが、同社のフランチャイジーのひとつがマクドナルドだったため、注目を浴びた。マクドナルドの製品はアメリカの子どもの肥満の大きな原因とみなされていたのである。子どもやその母親たちの健康意識を高めるために、DCPはアメリカ食品医薬品局（FDA）が設定したガイドラインを基に「better for you（身体にもっとよいものを）」という栄養ガイドラインを作成した。この社内ガイドラインは、ディズニーのフランチャイジーが健康によい食品を生産するための基本的な処方を記したものだ。DCPはこのガイドラインを、青果を生産しているフランチャイジー、イマジネーション・ファームズに適用した。また、アメリカ最大級のスーパーマーケット・チェーン、クローガーと協働して、このガイドラインに基づいてディズニー・ブランドのプライベート・ブランド製品を開発した。今日、DCPはディズニー全体の売り上げの六パーセント前後を生み出し、肥満に対するグローバルな解決策の一翼を担っている[7]。

DCPの動きは、健康意識の高い消費者という新しいトレンドを先取りした戦略である。最善の戦略は、未来の消費者、すなわち子どもたちを取り込むことだ。まだ幼いうちに子どもたちとつながりを築くことは、ディズニーが成熟市場で未来の成長をつかむのに役立つだろう。

◉強力な差別化の必要性——ヘルシーな生活に関するウェグマンズの活動

カテゴリー・キラーのウォルマートは、スーパーマーケットにとって大きな脅威である。他の食品スーパーマーケットが頼りにできる差別化は、ウォルマートより便利な場所に出店するという空間的な差別化だけだ。だが、ウォルマートが市街地の市場に進出し始めた今では、その差別化は以前ほど効果がなくなっている。もっと強力な差別化を行わなければ、食品スーパーが自らの高価格を正当化して、ウォルマートの「ＥＤＬＰ（Everyday Low Prices）」に対抗するのは難しいだろう。

この問題に対処するために、いくつかの食品スーパーが差別化強化の努力をしてきており、その過程で消費者のライフスタイルを変化させている。ウェグマンズ・フード・マーケッツはその一例だ。ウェグマンズはヘルシーなライフスタイルを推進している株式非公開のスーパーマーケット・チェーンで、『フォーチュン』誌が毎年行っている「最も働きがいのある企業」調査で上位数社の一角を占めている。[(8)] 同社は社員がヘルシーなライフスタイルを築くのを応援している。また店舗に、調剤薬局、ワインショップ、レンタルビデオ店、クリーニング店、書店などのコーナーや子どもの遊び場を設けており、商品構成や総合的な店内経験の創出でも最もすばらしいスーパーマーケットのひとつとみなされている。店舗の売り場面積当たりの生産性は平均を上回っており、営業利益率はウォルマートより高く、ホールフーズさえ凌《しの》いでいる。

ウェグマンズはヘルシーでおいしい調理済み食品を提供することによって、「ホーム・ミール・リプレイスメント（家庭の食事代行）」というコンセプトを広めてきた。同社は「健康的な食事をし、健康に暮らす」という行動原理を推進しているが、これは果物や野菜を食べる、運動する、カロリーをチェックする、健康指数の改善を測定するといった行動を組み合わせたものだ。ウェグマンズは、健康は栄養と強い相関関係にあると思っており、ヘルシーなライフスタイルを推進することはコミュニティのためになり、自社の事業のためになると確信している。同社はホールフーズをはじめとする他の食品スーパーとともに、この業界のゲームを変えてしまうようなルールを生み出している。消費者の健康意識が高まる中で、他の食品スーパーも健康の問題を差別化要因として使うようになっている。ウォルマートでさえ、マーケティング活動で健康問題に取り組まざるを得なくなっている。他のスーパーマーケットのより強力な差別化によって、食品セグメントにおけるウォルマートのカテゴリー・キラーとしての力が低下しているのである。(9)

慈善活動から変化へ

ますます多くの企業が、慈善活動を通じて社会的課題に取り組むようになっている。売り上げの一部をチャリティや特定のコーズ（大義）に寄付しているのである。教育は慈善活動の対象として最も人気があることが知られており、企業の七五パーセントが教育分野の活動に参加している。(10)寄付は有意義なコーズに役立ちはするが、多くの企業がもっぱら自社の評判を高めるために、もしくは税額控除を受けるために慈善活動を利用している。

慈善活動は欧米の成熟市場に限定されてはいない。新興市場では欧米よりもっと広く行われている。メリルリンチとキャップジェミニの調査によると、アジアの大富豪は自分の富の一二パーセントを社会的コーズのために投じており、それに対し北米の大富豪は八パーセント、ヨーロッパの大富豪は五パーセントしか寄付していない[11]。

慈善活動は社会のためになるが、われわれはその社会文化的インパクトを過大評価してはならない。近年の慈善活動の拡大は社会の変化によって推進されている。人びとは周囲の他の人びとについてより気にかけるようになっており、社会にお返しをすることに、より積極的になっている。ギャラップの調査によれば、景気後退期にあっても、アメリカ人の七五パーセントが依然として社会的コーズのために寄付している[12]。だが、慈善活動は社会の変化を促しはしない。社会の変化が慈善活動を推進するのである。慈善活動による社会的課題への取り組みが、かなり短期的なインパクトしか持たないのはそのためだ。

社会的課題に対するもっと進んだ取り組み方は、コーズ・マーケティングである。これは企業がマーケティング活動を通じて特定のコーズを支援するというものだ。コーズ・マーケティングを初めて使ったのはアメリカン・エキスプレスで、自由の女神の修復資金を集める手助けをするために、クレジットカード利用額の一パーセントを修復資金に寄付すると発表したのである。多くのアメリカ人がこのキャンペーンに応えて、VISAやマスターカードではなくアメリカン・エキスプレス・カードで買い物をした。

コーズ・マーケティングでは、企業はコーズに取り組むために資金だけでなくエネルギーも注ぐ。また、そのコーズを自社の製品に結びつける。たとえば食品メーカーのクエーカーは、オートミールの健康上の利点を知ってもらう活動の一環として、飢餓撲滅《きがぼくめつ》キャンペーンを開始した。[13] フード・ドライブ（家庭で余った食料品を持ち寄って慈善団体などに寄付する活動）、社会的活動に対する助成金、オートミールの寄付など、さまざまな活動が実行されることになっている。ハーゲンダッツの「ミツバチを救おう」プログラムは、ミツバチのコロニーを守り、ミツバチをとくにアイスクリームづくりのための重要な食材供給源と位置づけることをめざしている。[14] 消費者はソーシャル・メディアを通じて、ミツバチを救うために花を植え、自然食品を食べることを奨励されている。二つの大手スーパーマーケット、イギリスのウエイトローズとアメリカのホールフーズも、コーズ・マーケティングを実践している。[15] 消費者は買い物をするたびに募金券を渡され、この募金券を自分の判断で地域のどのチャリティボックス（募金箱）に入れてもよい。キャンペーンが終了した時点で、チャリティボックスの中の募金券が現金と交換され、それぞれの慈善事業に寄付されることになる。

慈善活動を行っている多くの企業が、特定の消費者や社員の関心を引くコーズを選んでいる。化粧品メーカーのエイボンは乳がんの研究を支援するために一億ドル以上の資金を集める手助けをしてきた。[16] 同社の顧客は明らかに女性がほとんどで、そのためもっぱら女性に関係のあるこのコーズを支援したのである。モトローラは主要工科大学を気前よく支援している。同社はこれらの大学から多くのエンジニアを採用しているので、工科大学の教育や研究が向上すれば同社にとっても利益になるからである。[17]

慈善活動やコーズ・マーケティングは近年、大きな支持を集めている。イーデルマンのグローバル調査によると、消費者の八五パーセントが社会的責任を果たすブランドをそうでないブランドより好んでおり、七〇パーセントがそうしたブランドに割増価格を払う用意があり、五五パーセントがそうしたブランドを家族や友人に勧めたいとまで思っている。[18] 企業は消費者のこうした意識に気づいている。社員や消費者や大衆全般による企業に対する見方は、当該企業の製品・サービスの質だけでなく、企業がどの程度社会的責任を果たしているかにも左右されるということを、ますます認識するようになっている。調査対象となった世界の企業幹部の大多数（九五パーセント）が、企業は社会に貢献しなければならないと考えていた。[19] また、社会的コーズを支援せよという消費者や社員の要求が、この先五年間の自社の戦略に影響を及ぼすだろうと予想していた。

今日、慈善活動もコーズ・マーケティングも依然として有効だが、それらは戦略的に活用されてはいない。たいていの場合、PR戦略やマーケティング・コミュニケーション戦略の一環として使

図7-1 マーケティングにおける社会的課題への取り組みの3段階

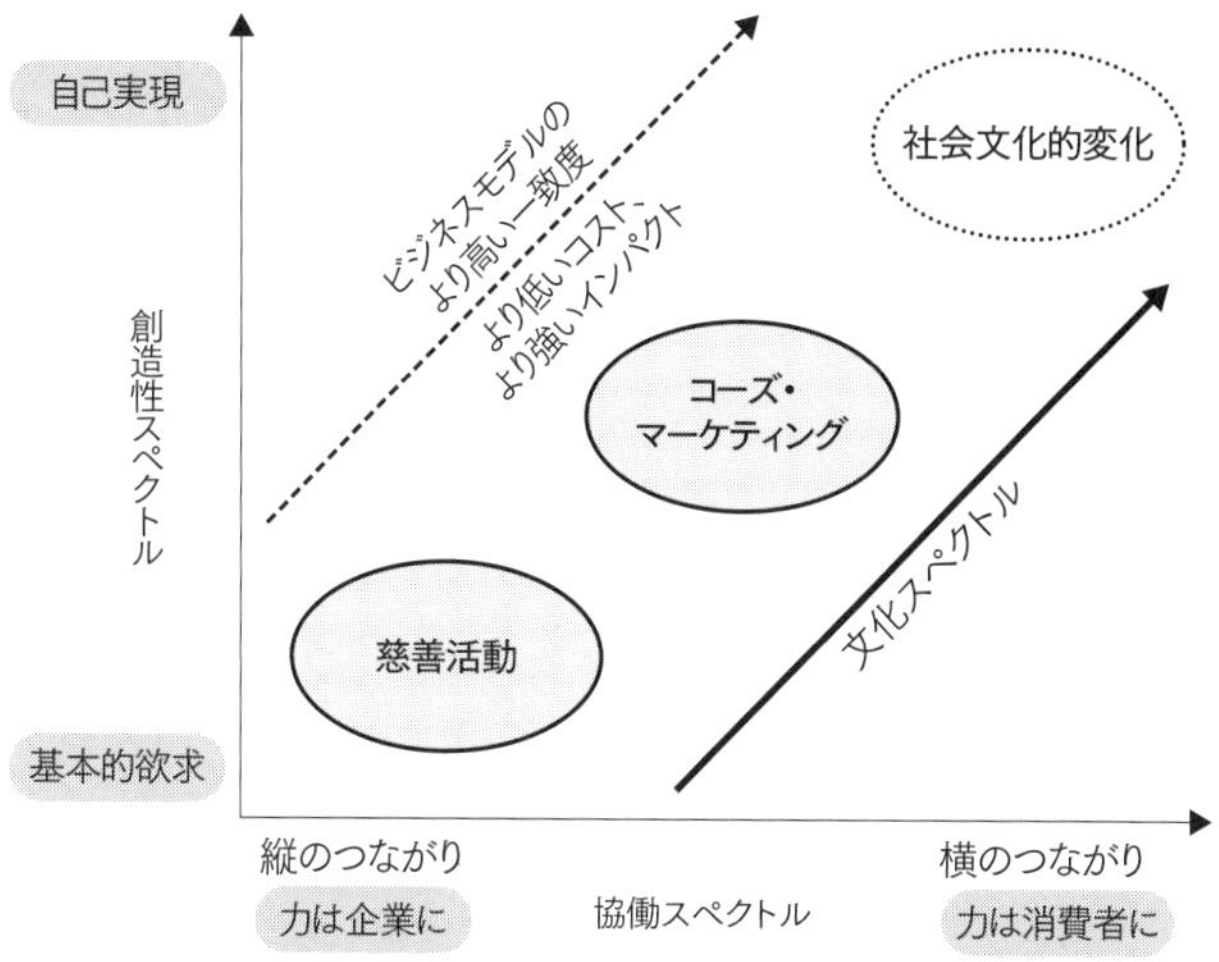

われているだけである。したがって、経営幹部の考え方や経営の仕方を変化させてはいない。経営幹部は依然として社会的コーズを責任とみなしており、成長や差別化を生み出す機会とはとらえていないのだ。

もうひとつの問題は、企業の慈善活動はある程度の消費者関与にはつながるかもしれないが、消費者のエンパワーメントや変化には概してつながらないことだ。消費者のライフスタイルは変わらないのである。エンパワーメントとは自己実現を可能にして、消費者がマズローのピラミッドをのぼって、より高次の欲求を実現できるようにすることだ。変化を生み出すことこそ、成熟市場に対するマーケティングの究極の形なのである。

マーケティング3・0では、社会的課題へ

の取り組みを単なるPRの手段とか、自社の活動が生み出す負の副産物に対する批判を拡散させる方法とみなしてはならない。そのような見方をするのではなく、企業はよき企業市民として行動し、自社のビジネスモデルの根幹のところで社会的問題に取り組む必要がある。一部の企業は、慈善活動やコーズ・マーケティング・キャンペーンから社会文化的変化を生み出すマーケティングに移行することで、自社のインパクトを強化することができる（図7・1参照）。

社会文化的変化を生み出すマーケティングでは、消費者はマズローのピラミッドの階層を上がれるよう力を与えられるべき人間とみなされる。このアプローチは製品レベルだけでなくビジネスモデルのレベルでも企業にとってより大きな意味を持っている。協働の力を活用することによって、コストを引き下げるとともに、より強いインパクトを生み出すからだ。

変化を生み出す三段階

社会文化的変化を生み出すためには三段階のプロセスが必要だ。このプロセスは取り組むべき課題の特定から始まる（図7・2）。具体的な課題を選んだら、企業はその問題のおもな構成集団を明確にする必要がある。おもな構成集団には、たいてい標的市場とその周囲のステークホルダー（利

図7-2｜社会文化的変化を生み出す3段階

社会文化的課題を特定する	ターゲット構成集団を選ぶ	変化を生み出す解決策を提供する
● 現在の課題を特定し、将来の課題を予想する ● 課題には健康（栄養・医療）、教育、社会的不公正などが含まれる可能性がある	● ただちにインパクトを与えるためには、中流階級、女性、高齢者などの構成集団を選ぶ ● 未来のインパクトのためには、子どもや若者を選ぶ	● マズローのピラミッドを上らせ、行動を変化させる解決策を提供する ● より協働的、文化的、創造的な変化をめざす

害関係者）、それに当該企業が活動しているコミュニティが含まれる。最終段階は変化を生み出す解決策の提供である。

◉社会文化的課題の特定

企業は三つの基準に基づいて取り組む課題を選ぶ必要がある。自社のビジョン・ミッション・価値との関連性、ビジネス上のインパクト、社会的インパクトの三つである。

成熟市場において、最も広く支持されている社会的ニーズは健康であり、多くの企業がこれに取り組んでいる。アメリカの医療費はGDP（国内総生産）総額の一六パーセント、金額にすると二〇〇六年以降は年間二〇億ドルに達している。[20]だが、興味深い点は、健康問題の大部分が、変えることのできる悪《あ》しきライフスタイルに起因していることだ。若年《じゃくねん》死の四五パーセント前後が、肥満、体調不良、喫煙によって生じている。アメリカではかなりの数の人が体重過多か肥満である。彼らは定期的な運動は行っておらず、タバコを吸っている。このようなライフスタイルは経済にとって大きな負担を生み出す。そのため、消費者のライフスタイルの変更は、社会の健康に対してだけでなく経済に対しても大きなインパクトを与えることができる。

健康は、栄養不良、バランスの悪い食生活、肥満、体調不良、各種疾患や伝染病、天災や被災難民、私的災害や労働災害など、いくつかのサブテーマを含む幅広いテーマである。栄養というテーマを選んでいる企業には、有機食品を推奨《すいしょう》しているホールフーズ、減量を勧めているサブウェイなどの有名企業がある。疾病《しっぺい》予防や投薬療法などのテーマは、メルク、グラクソ・スミスクライン、ノバルティスなどの製薬会社の領分で、これらの製薬会社は一部のコミュニティで特定の医薬品へのアクセスを改善している。

教育もきわめて人気のあるテーマのひとつである。健康関係のテーマは概して食品・飲料メーカー、食品小売企業、製薬企業などが選ぶのに対し、教育関係のテーマはサービス企業が選ぶことが多い。教育分野の有名なコーズ・マーケティング・プログラムのひとつに、IBMの「教育改革」がある。このプログラムはIBMの資源（研究者、コンサルタント、技術）を利用して世界各地の学校の教育改革を手助けするもので、IBMにとって、とりわけ自社の未来の事業を支えてくれる人材を開発するうえで戦略的重要性を持っている。IBMが行っているもうひとつの教育プログラムは、子ども教育支援の「キッズスマート」である。遊びながら楽しく学べるソフトウェアやウェブ上のプログラムは、六〇カ国、二六〇万人の子どもに利用されており、子どもたちの学習経験を高めている。

社会的公正はもうひとつの人気テーマで、これにはフェアトレード（公平貿易）、雇用の多様性、女性のエンパワーメントなどが含まれる。社会的公正を主要テーマに選んでいる有名企業のひとつがザ・ボディショップである。「コミュニティ貿易を支援する」「動物実験を行わない」などの価値や「家庭での暴力を止めよう」といったプログラムには、社会的公正の推進に取り組む同社の真剣な姿勢が表れている。社会的公正にはオフショアリングの問題も含まれる。中国やインドの台頭は先進国に大きな挑戦を突きつけている。企業が効率を求めて海外に移転する中で多くの人が職を失っており、経済が打撃を受ける恐れが出てきている[21]。

プライバシーはもうひとつの課題である。消費者中心のマーケティング、とりわけここ数年のワン・トゥー・ワン・マーケティングは、データマイニング・ツールの利用を促進している。消費者は、ロイヤルティカードやクレジットカードを使うたびに、徹底的にプロファイリングされる。行動パターンを知るために、小売店の監視カメラで民族別にビデオ撮影される。ソーシャル・メディアやグーグル・サーチは消費者の身元を公にしてしまう恐れがある。この点はマーケティング3・0のジレンマだ。ネットワーク化されて互いにつながるようになるにつれて、消費者は私的な空間を持てなくなるのである。ＩＢＭはエクリプス・グループのベンダー（売り手）たちとともに、プロジェクト「ヒギンズ」でプライバシーという社会的課題を解決しようとしている。(22) ヒギンズは消費者がプライバシーを失う心配なしにインターネットをブラウズできるようにするものだ。消費者がネットワークで活動している間、彼らの身元を隠すのである。

◉ターゲット構成集団の選択

ターゲット構成集団を選ぶためには、企業のおもなステークホルダー——とりわけ消費者、社員、流通業者、販売業者、供給業者、および公衆全般——について理解する必要がある。重大なインパクトを与えるためには、企業は社会全体の中で大きな影響力を持っている構成集団を選ぶ必要がある。

構成集団には一般に三つのタイプがある。女性、若者、高齢者など、性別や年齢によるグループがそのひとつだ。女性は往々にしてその潜在力を過小評価されている。*Don't Think Pink*（飯岡美紀訳『女性に選ばれるマーケティングの法則』ダイヤモンド社）で、著者たちは多くの女性が家計の所得の半分を稼ぎ、事業を切り盛りしているだけでなく、家庭やオフィスで購買責任者として行動していると指摘している。(23) シルバースタインとセイヤーは、女性は二〇〇九年の中国とインドの予想ＧＤＰをあわせた額の二倍以上の購買力（年間所得一三兆ドル）を持っており、それゆえ経済を牽引《けんいん》していくだろうと述べている。[24] 食品や健康などの重要な問題に関していえば、女性は意思決定の権限も握っている。これら二つの問題は、医療に関連した多くの社会問題の最大の原因だ。そのうえ、消費者エンパワーメントは、男性より女性に対してのほうが効果が高い。女性の約四四パーセントが力を与えられていないと感じており、したがって力を与えてくれるブランドを求めているのである。

社会の最も高年齢の成員グループと最も低年齢の成員グループ——ベビーブーム世代とY世代(ベビーブーマーの子ども世代)——をターゲットにすることも、企業に変化を生み出す機会を与えてくれる。ヒドン・ブレイン・ドレイン・タスクフォースによる調査は、ヒューレット、シェルビン、サムバーグが行った補完的なフォーカス・グループ調査やインタビューとともに、トップ年齢層とボトム年齢層の潜在力を明らかにした。[25] トップとボトムの年齢セグメントは、どちらも中間のセグメントより社会に貢献したいと思う人の割合が高いのである(ベビーブーム世代の八五パーセント、Y世代の八六パーセント)。

若者対象のマーケティング会社、ユーソグラフィーの調査によれば、若者は社会的課題に対する意識が他の年代の人びとより高い。アメリカの若者の約九〇パーセントは、自身の購買決定において社会的責任が重要であるとみなしている。そのうえ、子どもや若者は未来の消費者とみなされている。そのため、彼らは一般に栄養や教育といった問題の重要な構成集団である。日本やヨーロッパの大多数の国のように人口の高齢化が進んでいる国では、高齢者が健康関係の製品・サービスのおもな標的市場とみなされている。[26] 多くの場合、高齢者は社会的公正や疾病予防といった問題の最も重要な構成集団になる。

構成集団の二つ目のタイプは中流階級である。中流階級の人びとは貧しくはないが、限られた資力しか持っていない。ブラジルの著名な経済学者、エドゥアルド・ジャネッティ・ダ・フォンセーカは、中流階級を「貧困生活に甘んじてはおらず、よりよい生活を築くために犠牲を払う用意があるが、生活を楽にしてくれる物質的資産があるからといって人生の重要な問題が解決されてはいない人びと」と定義している。[27] 中流階級は最大の消費者市場だが、このグループの人びとは健康、教育、社会的公正に関して大きな問題を抱えている。したがって、これらのテーマに取り組むことで、中流階級を主要な構成集団として引き寄せられる可能性がある。

構成集団の三つ目のタイプはマイノリティ・グループだ。このセグメントには、社会の中で力を与えられていない特定人種の人びとや特定宗教の信者、それに障害者などが含まれる。このグループは多様性というコーズの構成集団になることが多い。『フォーチュン』誌は毎年、「マイノリティにとって働きやすい企業ベスト一〇〇」を発表している。二〇〇九年のこのリストには、社員の四〇パーセント以上がマイノリティであるフォーシーズンズ・ホテル、クアルコム、Tモバイル、シスコ・システムズなどの企業が入っている。

◉変化を生み出す解決策の提供

最終段階は、変化を生み出す解決策の提供だ。マッキンゼーの調査によると、企業は雇用の創出(六五パーセント)、画期的なイノベーションの実現(四三パーセント)、社会的課題に解決策を提供する製品やサービスの開発(四一パーセント)によって、社会的課題を解決することを期待されている。[28]

たとえばオフィス・デポは、「歴史的に十分活用されてこなかった企業(HUB)」に分類される小規模ベンダーと取引することによって雇用を創出し、社会の役に立とうとしている。[29] また、ベンダーのひとつであるマスター・マニュファクチャリングの地元採用という慣行に触発された取り組みも行っている。イスのキャスターやクッションを製造しているマスター・マニュファクチャリングは、マイノリティのための雇用を生み出しており、それは同社の重要な差別化要因のひとつになっている。オフィス・デポはHUBと協働することで競争優位を獲得しており、両社の協働によって生み出された製品には高い需要がある。さらに重要な点として、オフショアリングの問題と戦う一方法として、地元で雇用を創出しているのである。

画期的なイノベーションは、人間にマズローのピラミッドをのぼらせることをめざす。デザイン会社、IDEOは「人間中心のデザイン」という革新的なアプローチを生み出している。[30] 同社は欲求の程度（その解決策に対する欲求はどれくらい強いか）、実行可能性（技術的、組織的にどの程度実行可能か）、成長可能性（財務的観点からどの程度見込みがあるか）という三つのレンズを通して解決策を評価している。

企業は調査（hear）、創造（create）、引き渡し（deliver）という三段階のプロセスを実行することで、このオープンソースのアプローチを導入できる。調査の段階では、学際的なチームがディープダイブ、すなわち隠れた課題をくまなく明らかにするために実施されるエスノグラフィック（民族学的）な調査を行う。チームはいくつかのコミュニティに入り込んでストーリーやメタファー（比喩）をとらえ、ターゲット構成集団の欲求を理解しようとする。創造の段階では、統合とブレーンストーミングによって機会を特定し、解決策を設計し、プロトタイプを開発する。チームはフィードバックの環を通じて欲求の程度を評価する。最後に、引き渡しの段階で、実行可能性と成長可能性を評価し、計画を策定する。

忘れてはならないのは、企業は変化を生み出す解決策を単独で提供することを期待されてはいないという点だ。企業は他の企業やステークホルダーと協働しなければならない。じつを言うと、競争相手とも協働しなければならないのだ。たとえばホールフーズとウェグマンズは基本的には競争相手である。だが、両社はともに、ウォルマートのような巨大な競争相手を動かして健康によい生活を推奨させている。三社すべてが社会の変化を共創しているのである。

まとめ——変化を企業のキャラクターに組み入れる

企業は伝統的に、市場の欲求や要求を満たすことで利益を創出するという目的のために創業される。成功し、成長すれば、通常、有意義なコーズに寄付してくれと頼まれるようになる。企業は雑多な小口の寄付によって対処することもあるだろうし、コーズ・マーケティング・キャンペーンで対処することもあるだろう。

やがて人びとは、企業に利益創出の推進役ではなく社会文化的発展の推進役になることを期待するようになる。ますます多くの消費者が、公的・社会的課題にどの程度取り組んでいるかを、企業を評価する基準のひとつにするようになるだろう。一部の企業は、社会的課題を自社のキャラクターの基本に織り込むことによって期待に応えるかもしれない。それらの企業は社会を変化させる。その時点で、それらの企業はマーケティング３・０の段階に突入しているのである。

第8章

Creating Emerging Market Entrepreneurs

新興市場における起業家の創造

ピラミッドからダイヤモンドへ、援助から起業家精神へ

大きな人口集団が貧困から脱出する方法を見つけないかぎり永続的な平和は達成できない。マイクロクレジット（小口融資）はそうした方法のひとつである。下からの発展は民主主義と人権の推進にも役立つ。

——オーレ・ダンボルト・ムヨス(1)

ノルウェー・ノーベル委員会委員長のこの言葉が、バングラデシュのマイクロファイナンス機関であるグラミン銀行とその創立者、ムハマド・ユヌスを二〇〇六年ノーベル平和賞の受賞へと導いた。この受賞は、国連ミレニアム開発目標に謳《うた》われているように、貧困削減をめざす世界の努力の重要な一里塚となった。

貧困の撲滅《ぼくめつ》は、ほぼ間違いなく人類最大の課題だろう。(2)この課題を解決するためには、コミュニティの富の構造をピラミッド型からダイヤモンド型に変えなければならない。ピラミッド型とは、きわめて高い購買力を持つ少数の人間が頂点におり、それより多くの消費者がピラミッドの中間層に、そして大多数の消費者が最底辺にいるということだ。(3)このピラミッドをダイヤモンドに変えな

表8-1｜インドの5つの所得セグメントの将来予測

総可処分所得
（単位：兆インド・ルピー）

セグメント	年間所得（単位：インド・ルピー）	2005年	2015年	2025年
グローバル（富裕層）	>1,000,000	2	6.3	21.7
ストライバー（中流上位層）	500,000 – 1,000,000	1.6	3.8	20.9
シーカー（中流層）	200,000 – 499,999	3.1	15.2	30.6
アスパイアラー（上昇志向層）	90,000 – 199,999	11.4	14.5	13.7
ディプライブド（貧困層）	<90,000	5.4	3.8	2.6

ければならない。つまり、ピラミッドの底辺にいる人びとの中から、より多くの人がより大きな購買力を持つようになって、中間層に移行しなければならないのだ。そうすればピラミッドの底辺が縮小し、中間層が膨《ふく》らんでダイヤモンド型になる。

経済が急成長を遂《と》げ、世界の大国となった中国では、この変化が劇的な形で起きている。ファリード・ザカリアは、中国では貧困緩和が他のどの国よりも速いペースで進んでいることを明らかにした。(4) この変化はインドでも起きている。インドの農村部の極貧人口の割合は、一九八五年から二〇〇五年の二〇年間に九四パーセントから六一パーセントへと大幅に低下した。今後もさらに低下して、二〇二五年には二六パーセントになると予測されている。(5) マッキンゼー・グローバル・インスティテュートによれば、インドの消費者は五つの所得セグメントに分けられる（表8・1参照）。二〇〇五年には、総可処分所得が最大だったのは下の二つのセグメントだった。だが二〇二五年には、中間のセグメントが総可処分所得の最も大きいグループになるだろう。中間のセグメントが成長するにつれて、このグループの人びとのライフスタイルは変化し、携帯電話やパーソナルケア商品などの品目への裁量的支出が彼らの優先事項リストの上位に移っていくだろう。

ジェフリー・サックス率いる専門家チームは、ピラミッドからダイヤモンドへの変化は世界の至るところで起きると予測した。そして、極貧層——一日一ドル未満で生活する人びと——は二〇二五年までに一掃されるだろうと推定した。(6) だが、そのためには実現しそうもない前提が実現されなければならない。先進二二カ国のすべてが、GDP（国内総生産）の〇・七パーセントを途上国支援のために提供することに同意し、それを継続的に拠出しなければならないのだ。(7)

だが、われわれは対外援助を持続可能な解決策とはみなしていない。それは貧しい人びとに魚を与えはするが、獲り方を教えないのと同じだからだ。本当の解決策は投資と起業家精神の振興でなければならない。貧しい人びとは、ピラミッドの中間層に上がれるように力を与えられなければならないのである。

この解決策の重要な実行者は非営利組織（NPO）や政府ではない。経済発展の大部分を生み出していて、事業のネットワークを有している企業である。市場の拡大という利己的な理由だけが動機だとしても、企業は貧しい人びとを支援するべきだ。だが、それを成功させるためには、最終的には企業、NPO、政府の三者が協働しなければならない。

三つの力と四つの要件

このような解決策は三つの力によって可能になる。ひとつは貧しい人びとのITC（情報通信技術）インフラへのアクセスが拡大されること。貧しいコミュニティが情報や所得創出の機会にもっと触れられるようになる必要がある。インターネットはインドの農民を、海外の取引市場の農産物価格にいつでもアクセスできるEファーマーのコミュニティに変えている。彼らは最新の農法や天気予想など他の重要な情報も調べることができ、そのおかげで自分の作物に対して最も高い価格を要求することができる。[8] バングラデシュのグラミン・フォンによる携帯電話の導入も、農民の相互接続性を高め、それによってコミュニティのカンバセーション（会話）を促進している。[9]

二つ目の力は、超過供給と成熟市場の過少消費、それにピラミッドの頂点および中間層の市場におけるハイパー競争という三点セットである。これは企業に他の成長市場を探す動きを活発化させる。たとえば銀行は、以前は「アンバンカブル（融資不可）」だった人びとを顧客にし、低所得のコミュニティにマイクロ融資を行うようになっている。中南米の一部の金融機関は、トップ市場とミドル市場でスプレッド（利ざや）が縮小したため、この戦略をとらざるを得なくなり、その結果、リスクがより分散されたポートフォリオを実現している。[10] ユニリーバなどの多国籍企業は成長を求めて農村部の市場に進出している。[11] 農村部の消費者のニーズは単純であるため、成熟市場の顧客を相手にするときほどコストがかからない。デルは成熟市場での売り上げ減少を埋め合わせるために手ごろな価格のコンピューターでインド市場をつかもうとしており、多くのチャネル・パートナーと協働している。[12]

三つ目の力は、過密状態の都市部への移住を抑制する政府の政策だ。都市の成長は都市インフラに大きな圧力をかける。それに対し、農村部への投資は農村の人びとの生活の質を向上させ、移住の流れを弱める働きをする。中国が二〇〇八年に農村部への投資を一三九億ドル以上増やす予算計画を立てたのは、そのためだった。[13] デリー、ムンバイ、コルカタなどの大都市に成長が集中しているインドではインフラの機能障害が起きているが、農村部への投資はそのような機能障害を防ぐ戦略的措置である。[14]

三つの力のすべてが、十分対応されていなかった巨大な市場に参入する助けになっている。情報へのアクセスが容易になったことは、製品のプロモーションや市場の啓蒙をやりやすくしている。また政府は、農村部の開発に投資したいと思っている企業ならどんな企業でも支援し、便宜をはかりたいと思うだろう。

これら三つの力を観察することで、われわれは確実な結論に至っている。社会を大きく変えるよい行いで成功すること――貧困を過去のものにすることによる事業のめざましい成長――は、新興市場もしくは既存市場のローエンドに投資することで実現できるという結論である。これはスチュアート・ハートやクレイトン・クリステンセンが「下向きの大躍進」と呼んだ動きであり、経済ピラミッドの最底辺、すなわち不均衡《ふきんこう》な経済成長によって生じた社会的課題に対処するために、破壊的イノベーションが必要とされているところに投資するということだ。[15] 破壊的イノベーションは一般に、より安価でより単純でより便利な製品をもたらし、貧しい消費者に最初に受け入れられる。[16] 貧しい人びとのための破壊的イノベーションの例としては、五ドルの携帯電話、一〇〇ドルのパソコンなどがある。

だが、破壊的イノベーションが本当に貧困を削減するためには、次の四つの要件が満たされていなければならないと、マイケル・チューは指摘した。[17]

❶貧困の中にいる何十億人もの人に影響を与えるほど規模が巨大であること。
❷何世代も続く永続的な解決策であること。
❸本当に効果的で変化をもたらす解決策であること。
❹右のすべてが効率的に実現されること。

バングラデシュのグラミン・ダノン・フーズは、これら四つの要件を理解している数少ない企業のひとつである。グラミン・グループとダノン・グループが五〇対五〇の出資比率で合弁事業を結成したとき、両者が念頭に置いていたミッションはシンプルだった。カップ一杯のヨーグルトで世界を救う、である。[18] グラミン・ダノン・フーズの手ごろな価格の乳製品は、畜産や流通の分野で地元コミュニティに数百人分の雇用を生み出した。小さな成功に意を強くして、この合弁会社は大きな望みを抱くようになった。貧困に大々的に取り組むために、利益を再投資してこのモデルを全国に広めようとしている。[19] この動きは、①全国的なプロジェクトなので規模が巨大である。②雇用の創出というインパクト（影響）をもたらすので何世代も続く解決策である。③生活水準を向上させるので明らかに効果的である。そして、④コミュニティを関与させるので効率的である。

ソーシャル・ビジネス・エンタープライズの意味

ソーシャル・ビジネス・エンタープライズ（SBE）という言葉はムハマド・ユヌスが編み出したもので、自社を取り巻く社会にインパクトを与えながら同時に利益もあげている企業をさす。S

BEは非政府組織（NGO）でも慈善団体でもない。SBEは最初から社会的目的を念頭に置いて結成される。だが、既存の企業をSBEに変身させることも可能である。企業がSBEかどうかを決定する最も基本的な要素は、社会的目的が企業の最も重要な事業目的とされていて、その企業の意思決定に明確に反映されているか否かである。[20]

SBEが最も大きな希望を与えてくれるのは、ピラミッドの最底辺から生み出されるときだ。インドネシア――マイクロファイナンスの旗手とみなされており、一九九〇年代の金融危機に対処し、その余波の中でも引き続き順調に発展してきた国――には、興味深い事例がある。ラクヤット・インドネシア銀行のマイクロファイナンス部門は、インドネシアの家計の約三分の一に到達している。同部門は三〇〇〇万人以上の預金者を持つ世界最大のマイクロファイナンス機関にして、三〇〇万人以上の借り手に融資している世界第三位のマイクロクレジット事業者であると推定されている。[21]うまくいけば、借り手は新しい社会起業家になり、インドネシア社会の経済的基盤を強化してくれるだろう。

社会の経済的基盤を強化することに関連して、SBEの成功は三つの基準で測定できる。[22]これらの基準を使えば、どの企業がSBEで、どの企業がそうでないかを簡単に判別できる。まず、SBEは可処分所得の実質的価値を高める。第二に、可処分所得の使用範囲を拡大する。そして最後に、可処分所得の金額を増加させるのだ。

◉可処分所得の実質的価値を高める（stretch）

SBEは財やサービスをより低価格で提供することによって、可処分所得の実質的価値を高める。ひとつの例は、ユニリーバの手ごろな価格のヨード添加塩、アンナプルナである。この製品が広く入手できるようになる前は、相対的に安価なヨード無添加塩を主として消費していたため、アフリカの五歳未満の子どもの三〇パーセントがヨード欠乏症にかかっていた。[23] もうひとつの例は「ハウス・フォー・ライフ」プロジェクトだ。[24] これはセメント会社のホルシム・スリランカが二〇〇五年に開始した低コストの住宅を提供するプログラムである。

◉可処分所得の使用範囲を拡大する（expand）

SBEはピラミッドの最底辺の人びとには以前は入手できなかった財やサービスを提供することで、可処分所得の使用範囲を拡大する。デジタル・デバイド（情報量の差から生じる経済格差）に対処するために余分な機能を省いたハイテク製品を開発することは、使用範囲拡大の格好の例を提供してくれる。貧しい人びとにパソコンを提供する活動として広く知られているニコラス・ネグロポンテのXOやノバ・ネットPCが、その実例だ。[25] グラクソ・スミスクラインやノボ・ノルディスクなどの製薬企業は、必須医薬品をピラミッドの最底辺の人びとにとってより入手しやすくする取

り組みを始めている。(26)

◉可処分所得の金額を増大させる(increase)

SBEは十分な対応を受けてこなかった社会の経済活動を成長させることによって、可処分所得の金額を増大させる。グラミン・フォンはこの基準によるSBEの代表格だ。バングラデシュの携帯電話産業——主としてグラミン・フォンに牽引《けんいん》されている——は、二〇〇五年に合計八億一二〇〇万ドルの付加価値を生み出し、二五万件以上の所得機会に直接的、間接的に貢献した。(27)もうひとつの例はヒンドゥスタン・リーバの「プロジェクト・シャクティ」である。ヒンドゥスタン・リーバは何千人もの貧しい女性をセールス部隊として雇用し、自社製品を農村部の消費者に届けるとともに、彼女たちにかなりの額の可処分所得を提供している。(28)女性たちが販売する製品は、農村部のニーズと所得レベルに合わせて手ごろな価格の小袋入りになっている。ヒンドゥスタン・リーバは実地訓練を提供し、販売技能を教えることによって、起業家を支援しているのである。

SBEがどのレベルの成功を望んでいるのであれ、成功を確実にするためにはいくつかの行動指針が必要だ。

●市場の啓蒙　SBEは十分な対応を受けてこなかった市場に、製品の便益についてだけでなく、自社の事業に関連した問題として消費者の生活の質を高める方法についても継続的に説明していかなければならない。たとえば、手ごろな価格の健康補助食品を販売しているSBEは、保健衛生について顧客を啓蒙する活動も行うだろう。そうしなければ、製品は顧客にとって必要なものにはならないからだ。

●**地元コミュニティや情報リーダーとのつながり**　SBEは地元コミュニティや医師、教師、村長、宗教指導者などの情報リーダーとのつながりも築かなければならない。低所得セグメントと取引する際には、文化的障壁や抵抗を取り除くことがきわめて重要だ。

●**政府やNGOとのパートナーシップ**　SBEは政府やNGOとパートナーを組まなければならない。企業の目的を政府のミッションと結びつけることは、市場の啓蒙や全般的なプロモーション活動のコストを引き下げるのに役立つ。また、信頼性を高め、当該企業の活動を受け入れられやすくする。

貧困緩和のためのマーケティング

SBEの活動を成功させるためには、マーケティング・ミックスのすべての要素を再設計する必要があるかもしれない。この再設計は従来のビジネスモデルの正当性に疑問を突きつける、より優れた能率的なビジネスモデルを生み出すことが多い[29]。表8・2は、SBEのために築く必要のあるマーケティング・モデルの概要を示している。

◉セグメンテーションとターゲティング

SBEの標的市場は通常単純で、ピラミッドの最底辺の人びとだ。だが、SBEは低所得消費者の間にある態度の違いの理解によって、この市場を創造的にとらえることができる。低所得消費者は、VALSシステムを一部修正した基準を使って次の四つのセグメントに分類できる[30]。

❶ビリーバー（信念の人）　伝統的な道徳的価値観を強く信じている保守的な消費者。家族やコミュニティを愛している。常になじみのブランドを選ぶので、彼らの消費パターンは予測しやすい。特定ブランドに対するロイヤルティが高い。

❷ストライバー（努力する人）　このタイプの消費者は社会的承認を動機として行動する。仲間を感服させるために達成を追い求める。見せびらかせる製品を選び、豊かな人の持ち物をまねる。達成志向ではあるが、資力不足のため前進を阻まれる。

❸メーカー（つくる人）　具体的な活動を通じて自己を表現することを好む。実務的なスキルで

表8-2 SBEのマーケティング・モデル

マーケティングの要素	社会的企業(SBE)のビジネスモデル
セグメンテーション	ピラミッドの最底辺
ターゲティング	大量販売が見込めるコミュニティ
ポジショニング	社会的企業
差別化	社会的起業家精神
マーケティング・ミックス	
●製品	低所得層の顧客にとって現在は入手できない製品
●価格	手ごろな価格
●プロモーション	クチコミ
●流通	コミュニティ流通
販売	社会的起業家の販売部隊
ブランド	アイコン的地位
サービス	余分なサービスなし
プロセス	低コスト

住宅や農場をつくる。実利的・機能的な製品を好み、感情的な価値には感動しない。

❹サバイバー(生存する人) 物質的資源が四つのセグメントの中で最も少ないので、彼らは願望の実現より基本的欲求の充足を重視する。常にお買い得品を探す慎重な消費者である。

個々の取引が小額のセグメントをターゲットにするので、SBEが狙いを定めるのは大量の取引が見込めるコミュニティだ。コミュニティは低所得の顧客と取引する戦略の重要な一部である。第一に、コミュニティは評判を広めるのに役立ち、これは市場の啓蒙やコミュニケーションにとって重要だ。第二に、コミュニティ集団を管理するほうが個々人を管理するより容易である。代金の回収に困難が伴う場合には、コミュニティ・アプローチをとることはSBEにとって利益になる。コミュニティは自身の信頼性を守ろうとして、メンバーが支払い義務を果たす手助けをするのである。これは、ほとんどのマイクロ融資で見られることだ。

◉ポジショニング・差別化・ブランド

貧しい消費者は価格が安ければどんなものにでも飛びつくというわけではない。信頼されているブランドを高く評価するのである。それゆえ、ブランドは社会のアイコン（象徴）でなければならない。ダグラス・ホルトによれば、アイコンは消費者が自分の願望や欲求に対処するために採用する、特別な種類のストーリーを象徴するものだ。[31] 貧しい人びとの願望や欲求は自分の暮らしを向上させる機会である。

標的セグメント内でのポジショニングは、さまざまな形をとり得る。SBEは「貧しい人びとのヒーロー」、もしくは「人びとにただで魚を与えるのではなく、魚の獲り方を教える企業」と位置づけることができる。いずれにしても、中心的なメッセージは同じである。SBEは手ごろな価格の製品と所得創出の機会を提供することによって、人びとが生活を向上させる手助けをするという点だ。

多国籍企業の場合には、ポジショニングはコミュニティ・レベルに局地化する必要がある。たとえばインドのフィリップスは、自社を「農村コミュニティのための医療サービス事業者」と位置づけている。[32] フィリップス・インディアは、貧しい人びとのための医療サービスの質と利用しやすさを高めるために、二〇〇五年にＤＩＳＨＡ（遠隔医療推進プロジェクト）を開始した。移動診療所を提供して、貧しいコミュニティの人びとが母子ケアや外傷治療などの問題について、医師の検査や診察を受けられるようにしたのである。

ポジショニングを強化するために、ＳＢＥは差別化要因として社会的起業家精神の創出をめざす必要がある。真のＳＢＥと一般的な社会的責任を果たす企業やＮＧＯとの典型的な違いは、ＳＢＥがピラミッドの最底辺に起業家精神を生み出すことによって長期的な解決策を提供するという点だ。

たとえば、イギリスの生協グループは、社会的起業家精神に深く根ざした差別化要因をいくつか備えている。[33] まず、フェアトレード（公平貿易）のリーダーとして強力な地位を確立している。他の小売企業に比べて、より多くのフェアトレード製品をより多くの店舗で販売している。また、フェアトレードに徹底的にこだわったプライベート・ブランドのコーヒーを開発している。さらに、コミュニティ配当スキームにより、顧客は商品を購入することで自動的にコミュニティのコーズ（大義）に寄付できる。

◉マーケティング・ミックスと販売

企業の差別化はマーケティング・ミックスに反映される必要がある。製品は低所得層の顧客にとって現在は入手できないものでなければならないし、価格は手ごろでなければならない。低所得層の顧客にとって最も重要なのは、単により安価であることではなく実際に買えるかどうかである。ダンドレアとヘレーロは、貧困という状況では、価格は単に価格だけをいうのではなく購入総費用と一体になっていると指摘した[34]。一部の貧しい顧客、とりわけ農村部の貧しい顧客は、都市部で製品を買うことが多い。そのため購入総費用には交通費や移動時間など、他のコストが含まれるのである。

企業はパッケージングについても創造性を発揮する必要がある。とるべき戦略は製品のアンバンドリング（ばらばらに分けて販売する手法）である。可処分所得が少ないため、消費者が一度に購入できる量が限られている場合には、製品やサービスを手ごろな価格のパッケージにして提供することがきわめて重要になる。たとえば、一回に使用する量だけをサシェ（小袋）に詰めて販売してもよいだろう。低所得の顧客にとってより買い求めやすい、より小型の製品パッケージを開発してもよいだろう。こうした小型のパッケージは経済的パッケージと呼ばれている。実際の単位当たりにすると割高なのだが、小型パッケージは価格が手ごろなのだ。

プロモーションはコミュニティ内のクチコミの力を利用する。最も望ましい方法はコミュニティの情報リーダーと接触することである。非公式のリーダーは教師であったり、宗教指導者であったりする。女性も製品の偉大な伝道師になることがある。グラミン銀行のムハマド・ユヌスは、マイクロ融資を事実上女性だけに行っている。女性は影響力があるし、十分な対応を受けてこなかった貧しい人びとの多数派だからである。女性は互いにおしゃべりをして、コミュニティの中にカンバセーションを生み出す。

流通もコミュニティ内で仲間から仲間へという形で行われるのが最も効果的だ。市場規模が比較的小さい遠隔地に届けるには、伝統的な流通方法ではコストがかかりすぎる。したがって、低所得地区の認可販売代理人として消費者を活用するコミュニティ流通が、最も効果的な解決策であることが多い。人びとは自分の所属しているコミュニティと取引するわけで、これはコミュニティ自体の中にウィン–ウィンの関係を生み出す。購入者は手ごろな価格の製品を消費することができ、同時に販売代理人は自分の所得を生み出すことができる。

フィリピンにおいて、価格が三〇〇ペソ足らずの携帯電話のトップアップ・カード（プリペイド式の通話料カード）を販売することは、生産コストと流通コストを考えると採算が合わなかった。グローブ・テレコムは無線再チャージという方法の確立によって、これに対処した。顧客は認可された個人の流通業者にお金を払って電子的に再チャージしてもらう。この事例もまた、販売活動がコミュニティ・ネットワークの力をどのように利用できるかを示している。販売部隊は標的市場の人びとの中から選ぶべきである。コミュニティの中の人びとこそが、仲間の購買行動や使用行動を最もよく理解しているからだ。

◉サービスとプロセス

ピラミッドの最底辺でのビジネスは利益マージンが比較的小さいので、ビジネスモデルは余分なサービスを省いた低コストのものでなければならない。このような低コストを実現するためには、コミュニティを基盤とするサービスやプロセスが必要だ。校長、教師、宗教指導者などの情報リーダーは、地元の消費者コミュニティにサービスを提供するのに最も適した立場にいる。[35] 彼らはサービスの水準を測定するための情報と能力を備えた、コミュニティのサービス代理人である。フィリピンの水道事業者、マニラ・ウォーターは、支払いの遅れをなくすために集団請求という方法を使っている。メキシコのセメント・メーカー、セメックスの住宅供給事業「パトリモニオ・ホイ」は、コミュニティからより大きな支持を得るために、教師や教会指導者を通じて低コストの住宅建築プログラムを推進している。

まとめ――起業家精神の奨励による貧困の緩和

　貧困は依然として人類が直面している最も喫緊《きっきん》の問題のひとつである。あまりにも多くの社会で、所得分布がダイヤモンド型ではなくピラミッド型になっており、あまりにも多くの人がピラミッドの最底辺にいる。だが、プラハラードらが指摘しているように、ピラミッドの最底辺には富がある。とりわけ中国とインドは、自国のピラミッドをダイヤモンドに変えるために強力な措置を実行している。ひとつの答えは、借りたお金を生産的に使い、きわめて高い返済率を示す貧しい人びと――概して女性――に対するマイクロ融資である。より大きな観点からの答えは、起業家や企業や貧しい人びとによるソーシャル・ビジネス・エンタープライズ（SBE）の結成を奨励《しょうれい》することだ。SBEは社会的目的と切り離せないが、その過程で利益確保もめざしている。SBEは貧しい人びとに機会を与えるとともに、自社の製品・サービスをより手ごろで入手しやすいものにするマーケティング・ミックスの使用により、貧しい人びとの救済に展望を与えてくれるのだ。

第9章

Striving for Environmental Sustainability

環境の持続可能性に対する取り組み

ポスト成長市場へのマーケティング

変化を生み出すもうひとつの方法は、現代における最大の世界的課題のひとつ、環境の持続可能性に取り組むことだ。多くの企業が、自社のビジネス・プロセスをより環境にやさしいものにすることについて、まだ真剣に考え始めてはいない。一部の企業は、圧力や監視の目を感じ、環境保護主義者に見つかって公然と非難される前に対策を講じる必要があると考えるようになっている。だが、グリーン関連の製品・サービスを積極的にマーケティングすることによって、環境意識の高まりを利用できると判断している企業はまだ少数だ。

環境維持の三つの事例

環境に対する大きなインパクト（影響）を、それぞれ異なる方法で生み出してきた大手企業の事例を三つ紹介しよう。これら三つの事例――デュポン、ウォルマート、ティンバーランド――から、母なる自然を守るために企業がとりうる三つの役割――「イノベーター」「投資家」「普及者」――が浮かび上がってくる。

◉イノベーター――デュポンの事例

二世紀以上の歴史を持つ化学企業、デュポンは、アメリカ最悪の汚染企業から劇的な変身を遂《と》げて、今日では最もグリーンな企業のひとつになっている(1)。人間の生活を恒久的に変えるナイロン、ダクロン、ルサイト、ケブラー、コーリアン、ティベク、テフロンなどの高分子材料と高分子化学を発明したデュポンは、南極大陸上空のオゾン層破壊の原因とされているフロンガス（CFC）の発明・製造者でもあった。だが今日では、米国気候アクション・パートナーシップ（USCAP）の中心的なメンバーになっている。USCAPは、比較的低コストの方法で温室効果ガスの排出削減を企業に義務づける法律の制定を求めてきた。デュポン自身、一九九〇年から二〇〇三年の間に排出量を七二パーセント削減しており、二〇一五年までにさらに一五パーセントの削減をめざしている。

汚染削減に成功したことに加えて、デュポンは持続可能性を自社の業務遂行上の義務ととらえ、ビジネスモデルの核心として組み込もうとしている。最もすばらしいのは、同社の二九〇億ドルの売り上げのうち五〇億ドルが持続可能な製品、すなわち環境に配慮した原料からつくられた製品や省エネを実現する製品から生まれている事実だ。デュポンは環境に有害な社内オペレーションに対処することで環境問題を緩和するとともに、地球にさらなる害が与えられるのを防ぐ製品を生み出すというミッションを、社内にしっかり根づかせているのである。同社のある幹部はこう述べている。「新製品のアイデアを私の部屋に持ってくるときは環境への影響が小さいほうがよいということを、私のチームはよく知っている。小さくなければ、すぐに部屋から出て行くことになる。私が聞こうとしないからだ」

デュポンは環境イノベーターの例である。イノベーターは単に自然を傷つけない環境にやさしい製品ではなく、環境を救う潜在力を持つ製品を生み出す。これらの製品は与えられたダメージを逆転させ、生産過程でも処理過程でも環境に打撃を与えない。イノベーターは漸進的イノベーションを超えて破壊的イノベーションを生み出す。ハートとミルスタインは漸進的イノベーションをグリーン化戦略の属性とし、破壊的（もしくは不連続）イノベーションを超グリーン化戦略の構成要素としている(2)。

デュポンは新しいよりよい製品を生み出す技術を絶えず探し求めているがゆえに、イノベーターの役割の好例になっている。同社は世界のニーズやテーマの変化に合わせて、自社の位置づけを変えてきた。国力とは軍事力のことだとされていた一九世紀初頭には、デュポンは火薬や爆薬のメーカーだった。一九世紀末に戦争に生物兵器が用いられるようになり、最も優秀な科学者や発見を擁《よう》する国が最強とみなされるようになると、デュポンは合成材料を製造する化学会社に姿を変えた。それから百年余り後《のち》、地球温暖化が起き、環境保護の声が高まる中で、デュポンは二度目の大変身を遂げ、省エネ製品を生産することによって持続可能性に力を注ぐ企業になっている。

デュポンは、環境に対するダメージの一部を逆転させる潜在力を持つ製品を、いくつか生み出してきた。そのひとつ、ティベクは、エネルギー効率を高める新しい方法の開発につながるものだ。デュポンのバイオ燃料事業部は、トウモロコシからより多くのエタノールを製造する方法や、より高エネルギーの植物性エタノールをより安価に生産する方法を見つけようとしている。また石油会社のBPと協力して、既存のエンジンで使える新しい高エネルギー燃料、バイオブタノールの研究を進めている。デュポンはさらに、防弾チョッキに使われる特殊繊維、ケブラーを使って航空機の燃費効率を向上させている。

イノベーターには、投資家や普及者にはできない方法で環境に貢献する科学的ケイパビリティ(能力)がある。イノベーションはグローバルに長期的な形で利用されるので、環境に大きなインパクトをもたらす。こうした製品を生み出すためには、通常、何年もの――ときには何十年もの――研究と、無限の資金投入が必要だ。発明プロジェクトやイノベーション・プロジェクトはどれも皆そうだが、結果は確実ではない。そのためイノベーターは、大規模な研究プロジェクトに乗り出す際、通常大きなリスクをとることになる。

イノベーターは通常、化学、バイオテクノロジー、エネルギー、ハイテクなどの産業から生まれる。革新的な製品を発明し、生産するためには、このようなケイパビリティが必要だからである。デュポンの元CEO（最高経営責任者）、チャド・ホリデーと同じく、ゼネラル・エレクトリック（GE）のCEO、ジェフ・イメルトも、グリーン運動を利用しようとしている。彼は省エネ電球から清潔な水の供給能力を高める淡水化技術まで、あらゆるものを開発しようとするGEの活動を牽引《けんいん》している。(3) イノベーターの役割を果たしている他の企業には、ハイブリッド・カーのトヨタ、ダウケミカルとそのバイオテクノロジー子会社、合成化学物質の代わりに使えるバイオ物質を見つけるために「グリーン化学」の研究に力を注いで急成長中のライフサイエンス企業、エンプレス・ラ・モデルナなどがある。

イノベーターにとって、環境を救う持続可能な製品を生み出すためにイノベーションを行うことは自社の存在理由の中核をなす。それがミッションになるわけだ。イノベーターはウォーレイとホワイトヘッドが『ハーバード・ビジネス・レビュー』誌の論文で述べたこと、すなわち「グリーンであることは容易ではない」「グリーンであることは……イノベーションの触媒である」(4) という考えを奉じているのである。

◉投資家——ウォルマートの事例

世界最大の小売企業、ウォルマートにも変化が起きている。[5] ウォルマートは、かつては社会問題や環境問題に無関心な企業として知られており、よき企業市民として高く評価されたことは一度もなかった。それどころか、賃金水準が低いことや環境的課題をないがしろにしていることでしばしば批判されていた。ロバート・グリーンウォルドが制作した *Wal-Mart: The High Cost of Low Price*（ウォルマート——低価格の高い代償）という映画には、ウォルマートほど愚かな企業にはお目にかかったことがないという、あるベテラン活動家の言葉を取り上げた場面がある。環境破壊に対して何百万ドルもの罰金を科せられたときでさえ、ウォルマートの愚かさは変わらないように見えた。漏洩《ろうえい》したマッキンゼーの調査報告書によると、消費者の約八パーセントが、ウォルマートに否定的な印象を持つようになったという理由で、ウォルマートに日常的に買い物に行くのをやめていた。極端に否定的な評判を払拭《ふっしょく》しようとして、ウォルマートは二〇〇五年にようやく環境問題に取り組む動きを見せ、環境のよきスチュワード（管理者）になると宣言した。ウォルマートの元CEO、リー・スコットは、「二一世紀のリーダーシップ」と題した講演で、ウォルマートは燃費効率のよいプロセスと優れた廃棄物管理でビジネスモデルを刷新するために、何億ドルもの資金を投入すると発表した。そして、この新しいビジネスモデルで、投入コストをカバーするだけの効率向上が期待できると述べた。

その目的を達成するために、ウォルマートは環境に配慮したスーパーセンターを建設し、店舗にグリーン・ラベル製品を導入した。規模の大きさから、ウォルマートはわずか一年ほどで有機牛乳や持続して捕獲できる魚の、世界最大の小売業者になっていた。また、交渉上の立場が強いことを生かして、供給業者により効率的な包装やプロセスを見つけさせていた。

ウォルマートの野心的な計画には多くの人が期待している。世界最大級の企業の小さな変化は大きな変化を意味するからだ。この変化はウォルマートの評判も改善しており、批判者たちは今では、社会的責任に対するウォルマートの取り組みについて以前より好意的な見方をしている。だが多くの批判者が依然として、数年前まで「Always Low Prices（いつも低価格）」というタグライン（企業キャッチコピー）を使っていたウォルマートは、新しいビジネスモデルでもやはり低コストだけを気にしていると主張している。同社のタグラインは今では「Save money. Live better（お金を節約してよりよい暮らしをしよう）」に変わっている。だが多くの人が、環境を守るための同社の活動は、主として利己的な経済的目標——エネルギーを節約し、コストを節減し、グリーン製品に対する需要の増大により売り上げを増やすこと——のために行われているとみなしている。

投資家とは、その名の示すとおり「金利、所得、もしくは価値の上昇という形でプラスのリターンをもたらす可能性のあるものに、購入または支出により（資金を）使用する」[6]人を言う。この表現は、とりわけ母なる自然に何かお返しをし、これ以上奪わないという文脈では、いくぶん否定的なイメージを与えるかもしれないが、われわれは決して投資家の貢献度がイノベーターより小さいと言っているのではない。

投資家は企業であったり個人であったりするが、外部の企業や自身の会社の（通常はイノベーターによる）研究プロジェクトに資金を提供する。たとえば、ウォルマートは二〇〇五年に、店舗のエネルギー消費量を削減したりトラックの排ガスを削減したりするために、五億ドルの資金を投資した。[7] どの投資家もそうだが、ウォルマートも投資に先立って費用と便益とリスクを計算している。投資家のカテゴリーに入る他の企業には、ゴールドマン・サックス、ヒューレット・パッカードなどがある。製造企業の中にも、工場の排ガスの削減、店舗やコンピューターのエネルギー消費量の削減などに投資し始めているところがある。

グリーン・ビジネスは投資家にとって中核的なミッションではないため、投資家は環境のための活動でイノベーターのように大きなリスクをとらない。だが、よりグリーンで持続可能な世界を築こうというビジョンは共有している。投資家は金銭的見返りに加えて他の分野の見返りも求める。イメージが改善される、ブランド価値が向上する、環境保護団体からの圧力の高まりを防ぐ、グリーン製品を販売することで市場の需要に応える、等々の見返りである。投資家は製品のイノベーションに直接関わりはしないものの、環境に配慮するプロジェクトに資金を出すことで大きな貢献をしているのである。

◉普及者――ティンバーランドの事例

ウォルマートとは対照的に、ティンバーランドはあらゆるステークホルダー（利害関係者）から最も尊敬されている企業のひとつである。同社はアウトドアを愛する消費者向けの高品質の履物《はきもの》、アパレル、アクセサリーのデザイン、エンジニアリング、それにマーケティングでグローバル・リーダーの座にあり、「善をなすことによって成功する」ことこそすばらしいと信じている。自身が環境に配慮しているだけでなく、世界中のコミュニティで環境についての意識をかきたててきた。事業が不振な時期にも環境を守る活動を継続したことで、とくによく知られている。

ティンバーランドは、靴の生産およびプロモーションの過程で環境にやさしいビジネスモデルを厳密に守っている。リサイクルのノンケミカル素材を大量に使用し、エネルギー効率のよいプロセスで製造している。食品ラベルの栄養表示にヒントを得て、個々の靴に「栄養表示ラベル」を添付している。このラベルは消費者に「製造場所、製造方法、環境に対する影響など、その製品について」詳しい情報を提供するものだ。(8)

ティンバーランドは自社が活動しているコミュニティへのお返しに、大いに力を入れている。「パス・オブ・サービス」「ボランティア休暇」「アースデイ」「サーブ・ア・パルーザ（ボランティア・

デイ)」などのプログラムで、環境保護をはじめとする自社の価値を推進することに加えて、恵まれないコミュニティへの支援をめざしている。「パス・オブ・サービス」プログラムによって、ティンバーランドの社員は世界各地で五〇万時間以上のボランティア活動を行ってきた。ティンバーランドの取り組みは、いくつもの都市で何百ものコミュニティ団体を助けてきているが、その活動の多くが環境保護に関係したものだ。たとえばアースデイには、自社製品に一五〇ドル使ってくれた消費者一人につき一本の木を植える活動を行った。[9] また、社員にハイブリッド・カーの購入を促す奨励金を与えるなど、インターナル・マーケティング活動も行ってきた。

普及者は通常、化学、バイオテクノロジー、エネルギー、ハイテクといった産業以外で活動する、相対的に小規模な企業である。中核的な差別化要因は通常、環境に配慮したビジネスモデルにあり、それが社内の価値を対外的な競争優位に変えている。事業以外での普及者のミッションは、ユーザー・グループ、社員、一般の人びとの間に環境意識を生み出すことだ。これによって、クリティカル・マス(普及率が一気にはね上がる分岐点となる水準)――イノベーターの販売する製品を購入し、投資家の貢献を支持し、評価するサポート体制――が形成される。最も重要なのは、普及者は地球を守るという価値を社員や顧客に広めて、環境伝道師を生み出そうとする点である。

環境伝道師を生み出すために使われる一般的な戦略は、コミュニティの中の環境意識の引き上げである。ティンバーランドは普及者の役割を最高の形で示している。情報を提供し、関心をかきたて、人びとを参加させようとしているのである。これは同社のウェブサイト、www.timberland.co.jp にはっきり表れている。

もうひとつの戦略は、製品を通じて環境に関心を向けさせることだ。ティンバーランドが靴やブーツに添えている「栄養表示ラベル」はその一例である。この革新的なラベルは、靴を購入することで自分がどのような社会的・環境的インパクトを与えることになるかを詳しく教えてくれる。食品の栄養表示ラベルが人間の健康に対する食品の影響を示すのに対し、ティンバーランドのラベルは地球の健康に対する製品の影響を表示しているのである。同社のすべてのボランティア・プログラムが、この新しい媒体を通じて消費者に報告されている(10)。

普及者のカテゴリーに入る他の注目すべき企業には、パタゴニア、ホールフーズ・マーケット、フェッツァー・ヴィンヤーズ、ハーマン・ミラーがある。これらの企業は、より環境に配慮したビジネス活動を生み出す継続的な取り組みで広く知られている。

イノベーター、投資家、普及者の協働

イノベーター、投資家、普及者は、それぞれ異なる動機によって行動するため、環境保護のため

図9-1 それぞれの行為者の動機

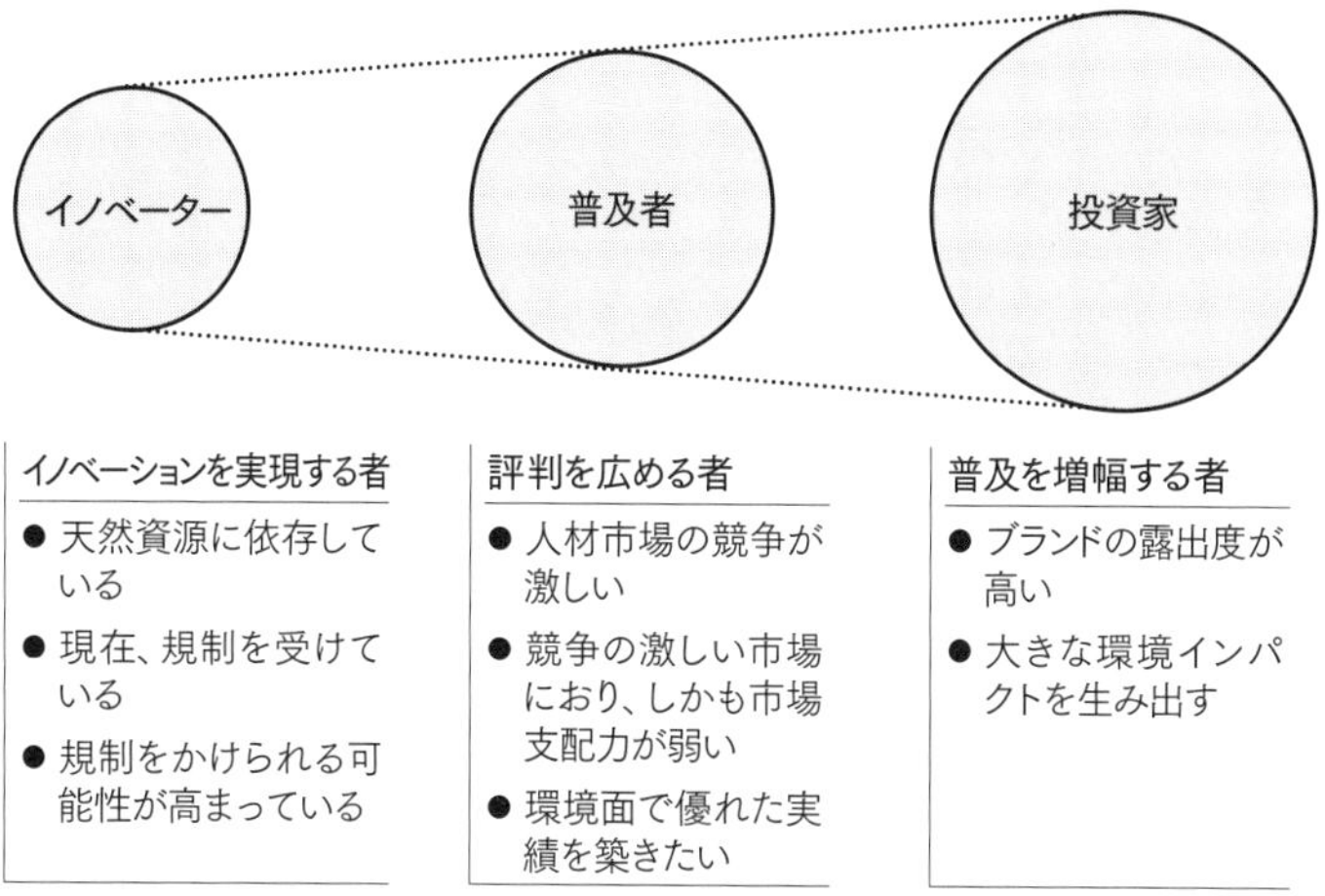
イノベーター
普及者
投資家
イノベーションを実現する者
● 天然資源に依存している
● 現在、規制を受けている
● 規制をかけられる可能性が高まっている
評判を広める者
● 人材市場の競争が激しい
● 競争の激しい市場におり、しかも市場支配力が弱い
● 環境面で優れた実績を築きたい
普及を増幅する者
● ブランドの露出度が高い
● 大きな環境インパクトを生み出す

にそれぞれ独自の役割を果たしている。*Green to Gold*（村井章子訳『グリーン・トゥ・ゴールド』アスペクト）で指摘されているように、企業がよりグリーンな姿勢に移行する動機はいくつかある。[11]

❶天然資源に依存している
❷現在、規制を受けている
❸規制をかけられる可能性が高まっている
❹人材市場の競争が激しい
❺競争の激しい市場におり、市場支配力が弱い
❻環境面で優れた実績を築きたい
❼ブランドの露出度が高い
❽大きな環境インパクトを生み出せる

図9-2 3タイプの行為者の協働

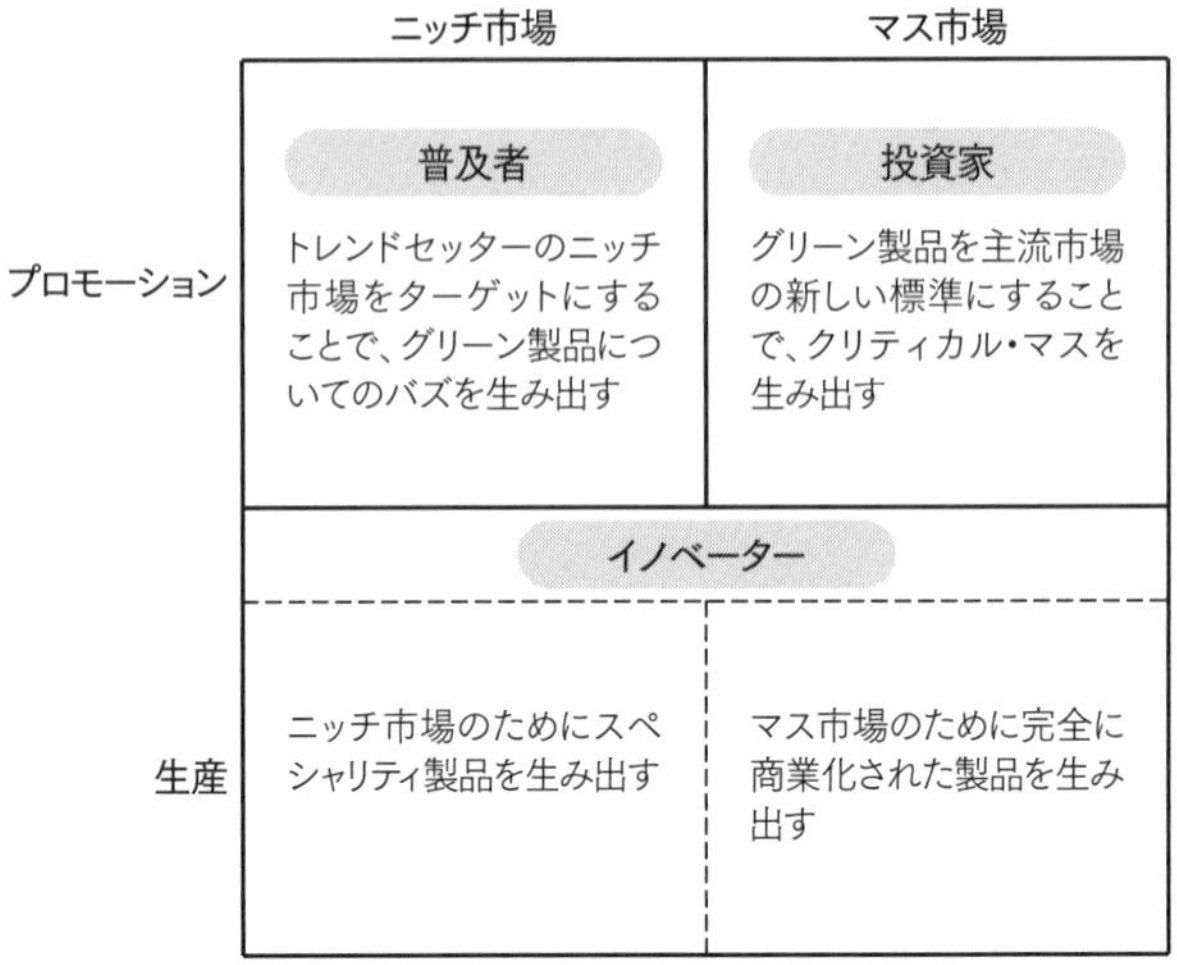

1から3はイノベーターのおもな動機であり、4から6は普及者のおもな動機、7と8は投資家のおもな動機である（図9・1参照）。

投資家と普及者が、どちらもビジネス・プロセスを通じて環境保護というコーズ（大義）を推進するのに対し、イノベーターは環境にやさしい製品を生産する。普及者がニッチ（すき間）市場で活動するのに対し、投資家はより大きな市場で活動する。インパクトの相乗作用を生み出すためには、三つのタイプのすべてが市場に存在していなければならない。普及者がバズ（その製品に関する噂《うわさ》でざわめいている状態）を生み出し、それによって普及者は環境に配慮している企業として競争優位を獲得する。このバズは環境保護というコーズを支持する世論を高める。だが、ホールフーズ・マーケットのような普及者は、長い時間をかけなければグリーン製品をメインストリームの市場に到達させることができない。ウォルマートのような投資家の影響力がなければ、グリーン製品はニッチ市場だけにとどまり続けるだろう。また、イノベーターがいなければ普及者は革新的なグリーン製品を供給してもらえないのだから、もちろんイノベーターも必要だ（図9・2参照）。

コミュニティをターゲットにしたグリーン・マーケティング

グリーン市場は決して均質ではないことを認識する必要がある。環境に配慮した製品・サービスの市場は四つのセグメントに細分化できる。トレンドセッター（トレンドを決める人）、バリューシーカー（価値を求める人）、スタンダード・マッチャー（標準に合わせる人）、コーシャス・バイヤー（慎重な購入者）である。トレンドセッターは先駆者の市場であり、バリューシーカーとスタンダード・マッチャーは主流の市場、そしてコーシャス・バイヤーはトレンドに乗り遅れる人びとだ。それぞれのセグメントは製品の便益について異なる考えを持っているので、各セグメントに対して異なるマーケティング・アプローチをとる必要がある。コーシャス・バイヤーに関しては、わざわざ追いかけるだけの価値はない（表9・1参照）。

トレンドセッターはグリーン製品の導入段階において最も重要なセグメントである。彼らは当該製品を採用する最初の顧客になるだけでなく、市場における重要なインフルエンサー（影響を与える人）にもなるので、友人や家族に製品を推奨《すいしょう》するプロモーターになってもらおう。

VALS[12]の分類によると、トレンドセッターは「革新者」のセグメントに分類できる。彼らは変革リーダーであり、新しいアイデアや技術を最も積極的に受け入れる。彼らはきわめて活発な消費者であり、彼らの購買は高級なニッチ製品やニッチサービスを好む洗練された趣味を反映している。だが、熱心な環境保護主義者のニッチ市場にとどまっていたのでは、グリーン製品は成長段階に向けて離陸することができない。グリーン製品が裕福な人びとだけのものであるかぎり、それらの製品の便益は限られている。インパクトを持つためには、市場で広く受け入れられることが必要なのだ。大手企業が自社の主流のブランドをグリーン化しているのはそのためだ。冷水で最も汚れ落ちがよいように調合されている洗濯洗剤、タイド・コールドウォーターはその一例である。[13]

グリーン製品の購入という点において、主流の市場は、より感情的・精神的なトレンドセッターの市場とは異なり、合理的に判断する。バリューシーカーのセグメントは、グリーン製品のコスト効率がよければグリーン製品を購入する。このタイプの消費者は、グリーン製品だからといって割増価格を払おうとはしない。したがって、バリューシーカーをターゲットにするときは、グリーン製品は手ごろな価格でなければならない。グリーン製品の使用によるコスト節減をマーケターが指

表9-1｜グリーン市場の4つのセグメント

	トレンドセッター	バリューシーカー	スタンダード・マッチャー	コーシャス・バイヤー
セグメント・プロフィール	●環境保護活動家または非現実的な環境マニア ●感情的・精神的動機からグリーン製品を使用 ●グリーン・イノベーションによる競争優位性を期待	●環境プラグマティスト ●合理的動機からグリーン製品を使用 ●効率向上やコスト節減のためにグリーン製品を利用	●環境保守主義者 ●グリーン製品が広く使用されるようになるまで様子を見る ●すでに標準になっているグリーン製品を使用	●環境懐疑主義者 ●グリーン製品の価値を信じていない
当該セグメントをターゲットにするためのポジショニング	**エコ優位性** 競争優位性を築く革新的な製品	**エコ効率** より小さなインパクトで、より大きな価値	**エコ標準** 多くの消費者に使われ、彼らの要求を満たしている製品	追いかける価値はない

摘できることも必要だ。

VALSにおいて「シンカー（考える人）」に分類されるバリューシーカーは、最も重要な標的市場である。彼らは新しいアイデアを検討することにやぶさかではない。望ましくない決定を破棄して、より確実な決定に切り替えることが容易にできるタイプの顧客である。したがってマーケターは、彼らに選択肢を与え、それでいて望ましくない選択肢から遠ざけるプログラムを設計する必要がある[14]。通常の製品に加えて、よりグリーンな製品という選択肢の存在の伝達によって、バリューシーカーをよりよい選択に導くことができる。

だが、バリューシーカーは保守的で実利的な消費者でもある。彼らは購入する製品に耐久性と機能性と価値を求める。このセグメントの関心をつかむためには、グリーン・マーケターは自社の製品がより小さい環境インパクトでより大きな価値を提供できるという点を強く訴える必要がある。したがって、マーケティング・コミュニケーションは、エコ効率というコンセプトを中心に構成されるべきである。

バリューシーカーが実利的であるのに対し、スタンダード・マッチャーはより保守的だ。彼らはまだ業界標準になっていない製品を購入しない。人気のある製品だということが、彼らの最も重要な購入理由になる。このセグメントの関心を引くためには、グリーン製品が標準とみなされるためのクリティカル・マスに達する必要があり、そのためには触媒が不可欠だ。たとえば、環境に配慮した建物の増加は、グリーン建築基準の導入によって大いに促進されてきた。これはイギリス政府が草分けとなり、アメリカ政府が後《あと》に続いたものだ。オーストラリア、インドなど、ますます多くの国が、それぞれ独自のグリーン建築基準の策定を進めている。こうしたトレンドが、環境に配慮した建物を主流の市場に移行させつつある。(15)

四つ目のセグメント、コーシャス・バイヤーはきわめて懐疑的で、環境により配慮したビジネスがすでに常識になっていてもグリーン製品を買わない顧客である。このタイプの顧客に訴えかけて

図9-3　市場セグメントの影響連鎖

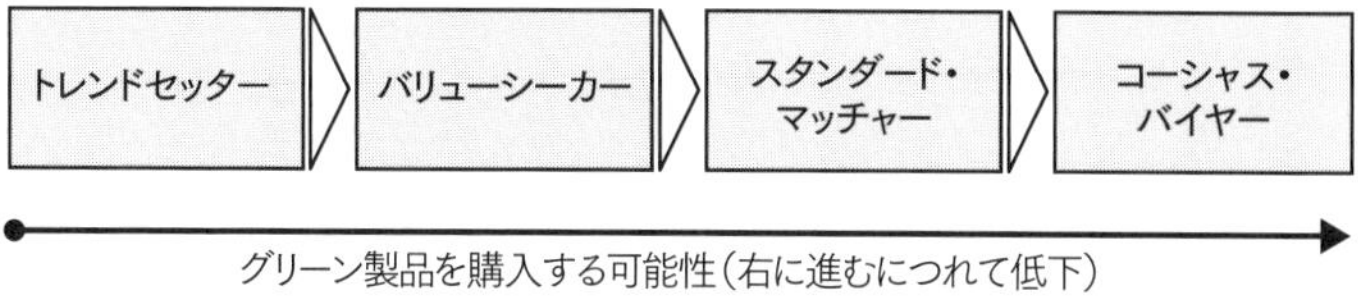

考えを変えさせようとすると、コストがかかりすぎる。

　製品にそのライフサイクルを歩ませるということは、製品に市場セグメントの影響連鎖を進ませるということだ（図9・3参照）。導入段階では、マーケターは「グリーンであること」を重要な差別化要因として使う必要がある。だが、大きな評判と雪だるま効果を生み出して成長段階に到達させるためには、クチコミ・マーケティングを利用する必要がある。ジェフリー・ムーアのCrossing the Chasm（川又政治訳『キャズム』翔泳社）によれば、市場には初期市場と主流市場を隔てる裂け目――キャズム――がある。[16] グリーン製品はその裂け目を越えて広く受け入れられる必要がある。製品が成熟段階に達したら、競争が激化し、マーケターはグリーンであること以外の差別化要因を見つけなければならない（図9・4参照）。

まとめ――持続可能性のためのグリーン・イノベーション

　本章では、価値で動く企業が持続可能性に取り組むことがいかに重要かを

図9-4 グリーン意識と購買を生み出すライフサイクル

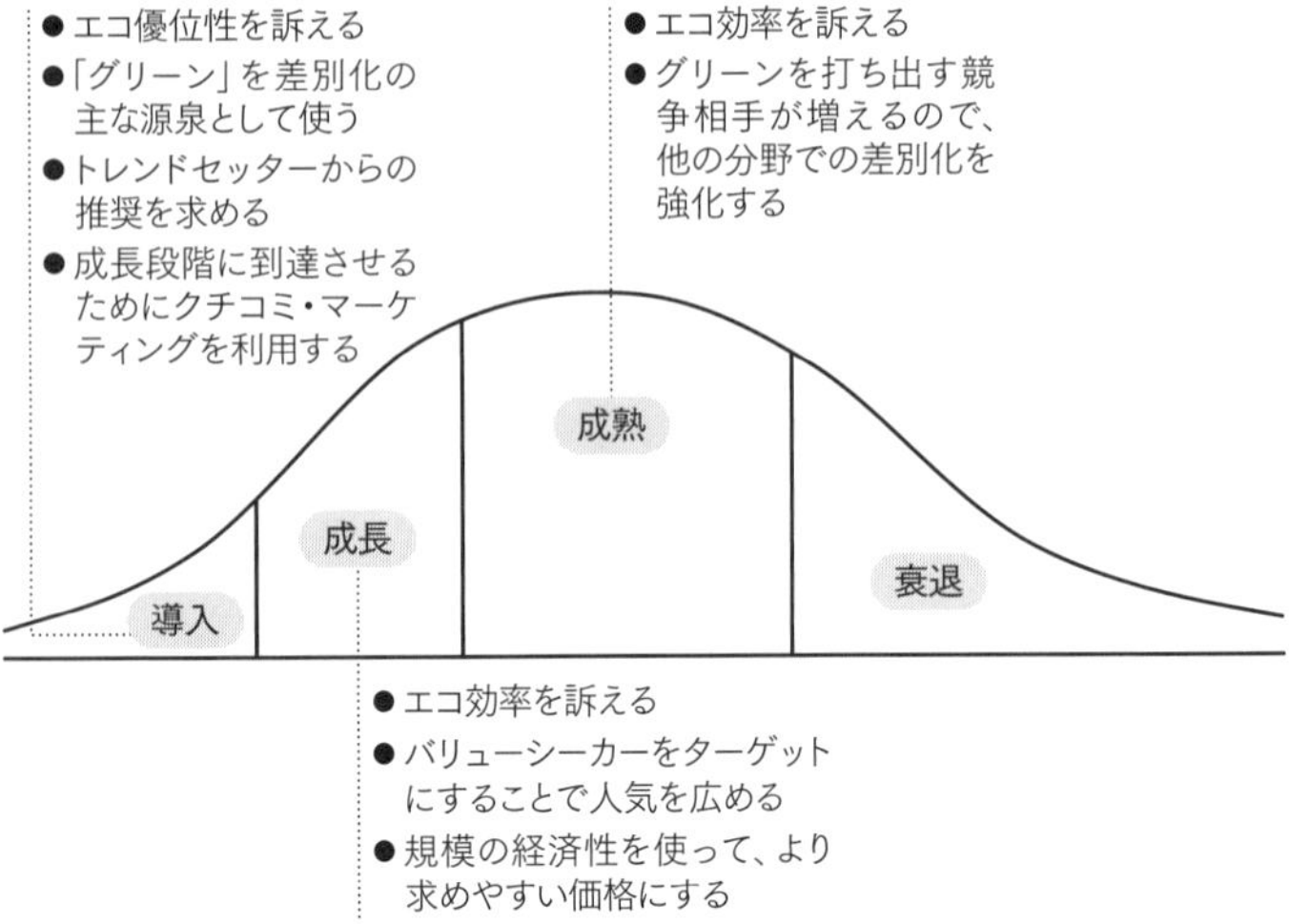

●エコ優位性を訴える
●「グリーン」を差別化の主な源泉として使う
●トレンドセッターからの推奨を求める
●成長段階に到達させるためにクチコミ・マーケティングを利用する
●エコ効率を訴える
●グリーンを打ち出す競争相手が増えるので、他の分野での差別化を強化する
成熟
成長
導入
衰退
●エコ効率を訴える
●バリューシーカーをターゲットにすることで人気を広める
●規模の経済性を使って、より求めやすい価格にする

力説している。そうすることで、コストの低減、信用の向上、社員のモティベーションの向上といった便益がもたらされる。デュポンのような企業は、イノベーターの役割を果たすことによってグリーン運動に貢献している。ウォルマートのような企業は、投資家の役割を果たすことによって貢献している。また、ティンバーランドは普及者の役割を果たすことによって貢献している。われわれはこれら三つの役割の特性を検討した後、三つのタイプのすべてが同じ市場で活動し協働するとき、グリーン市場は強化されると主張している。

そして最後に、企業はグリーン市場の四つのセグメント――トレンドセッター、バリューシーカー、スタンダード・マッチャー、コーシャス・バイヤー――を識別し、彼らの行動やグリーン製品購入意欲の差異を認識する必要があると指摘している。環境の持続可能性を推進している企業は、マーケティング3・0を実践しているのである。

第10章

Putting It All Together

まとめ

マーケティング3・0の一〇原則

マーケティングと価値の関係には三つの発展段階がある。最初の段階では、マーケティングと価値が分離している。多くのビジネスピープルが、マーケティングを行うには崇高《すうこう》な価値など必要ないと考えている。そのような価値があると、それを守るために余分なコストや制約がかかるだけだというのである。第一の段階の後に、われわれが平衡《へいこう》状態と呼ぶ二つ目の段階が訪れる。この段階では、企業は普通のやり方でマーケティングを行い、利益の一部を社会的コーズ（大義）のために寄付する。それから三つ目の統合の段階がくる。これが最終段階だ。企業は価値どおりに行動しようとし、これらの価値が企業にパーソナリティと目的を与えることになる。マーケティングと価値の乖離《かいり》は一切容認されない。

マーケティングの根本をより深く見つめ、それをより徹底的に理解したら、マーケティングと価値を統合する、疑問の余地のない一〇原則が見えてくる。ひとつひとつの原則について、自社のマーケティング活動でその原則を応用してきた企業を紹介していきたい。中には、そうすることで国連ミレニアム開発目標（ＭＤＧｓ）に貢献している企業もある。ミレニアム開発目標とは、二〇〇〇年九月の国連ミレニアム・サミットで一八九カ国の代表が合意したもので、達成期限を定めた測定可能な八つの目標およびターゲットで構成されている。(1)

❶極度の貧困と飢餓《きが》の撲滅《ぼくめつ》
❷普遍的初等教育の達成
❸ジェンダーの平等の推進と女性の地位向上
❹乳幼児死亡率の削減
❺妊産婦の健康の改善
❻HIV/エイズ、マラリア、その他の疾病《しっぺい》の蔓延《まんえん》防止
❼環境の持続可能性の確保
❽開発のためのグローバル・パートナーシップの推進

ミレニアム開発目標は、政府間の構想としてスタートした。だが、企業はこれらの目標のビジネス面に注目し始めている。ユニリーバ、プロクター・アンド・ギャンブル(P&G)、ホルシム、フィリップス、ボーダフォン、S・C・ジョンソン・アンド・サン、BP、コノコフィリップス、ラボバンクなどは、八つの目標を途上国でのビジネス活動に組み込むことで、すでに利益を上げて

いる。これらの企業は、自社が世界にどのような変化をもたらすことができ、その変化が自社の金銭的・非金銭的便益にどのように返ってくるかを実証しているのである。マーケティング3・0とミレニアム開発目標の達成に向けた活動とのつながりを示すために、本章の事例の一部は *Business for Development: Business Solutions in Support of the Millennium Development Goals*（開発のためのビジネス――ミレニアム開発目標を支えるビジネス・ソリューション）から引用している。(2)

原則1　顧客を愛し、競争相手を敬う

ビジネスにおいて、顧客を愛するとは顧客に大きな価値を与え、彼らの感情や精神を感動させることによって、顧客のロイヤルティを勝ち取るということだ。ドナルド・カルネは「感情と理性の本質的な違いは、感情は行動を導き、理性は結論を導くことだ」と述べている。(3) あるブランドを購入し、ロイヤルティを持ち続けるという決定は、感情に大きく左右されるのである。

一例をあげると、キャンベル・スープ社は乳がん撲滅月間の間、パッケージの色をピンクに変えて需要を大幅に高めることに成功した。(4) スープの消費者は概して女性であり、乳がん撲滅は多くの女性が感情的つながりを感じているコーズであるから、女性に対する売り上げが増大したのである。

この例は、理性より感情に訴えるやり方が効果的であることを示している。

顧客を愛することに加えて、企業は競争相手を敬う必要がある。競争相手がいなかったら産業の成長のペースは遅くなるので、市場全体が拡大するのは競争相手のおかげなのだ。競争相手を観察することで、企業は相手の強みと弱みだけでなく自社の強みと弱みも知ることができる。これは企業にとって大いに役立つ。

競争を受け入れることによる市場成長戦略は、縦または横の技術移転によって実現できる。ベトナムでのユニリーバの活動はその好例である。[5] ユニリーバは現地のすべての供給業者にベストプラクティスの訓練をほどこしている。この訓練の間に、供給業者は品質基準とそれらの基準を達成するために必要な技術について学ぶことになる。ユニリーバはさらに、これらの供給業者に金銭的支援も提供している。そうすることによって、低コストでの調達を維持することができ、同時に品質も確保できるわけだ。ひとつ考慮する必要があるのは、供給業者がユニリーバの競争相手にも供給する可能性がある点である。だが興味深いことに、ユニリーバはそうした事態が起きるのを許容している。市場全体を発展させるのに役立つからである。

それに対し、横の技術移転はさらに理解しにくい。自社の技術を競争相手に直接移転しようとする企業はめったにない。だが、自社単独では市場を成長させられないと感じる場合にはあり得る。[6] このような技術移転を行う企業はリスクを分かち合いたいのである。規模の経済性を達成するためにはアライアンス（提携）が必要になる。有名な例として、製薬企業七社（ベーリンガーインゲルハイム、ブリストル・マイヤーズ スクイブ、グラクソ・スミスクライン、メルク、ロシュ、アボット、ジリード）が協力して、ミレニアム開発目標の達成に向けて、途上国のＨＩＶ／エイズ治療の代金を引き下げたことがある。(7)

もうひとつの例は、イギリスの複数の電気通信事業者（モトローラ、カーフォン・ウエアハウス、Ｏ２、オレンジ、ボーダフォン、Ｔモバイル、テスコ、ヴァージン・モバイル、フレッシュ）が、Ｕ２のボノや国際ＮＧＯ「ＤＡＴＡ」のボビー・シュライバーと協働して、アフリカのエイズとの戦いを支援する新ブランド「レッド」の携帯電話を発売したことだ。この発売によって、エイズの治療と予防のために何千万ポンドもの資金を集めた。(8)

顧客に愛をもって接し、競争相手に敬意をもって接しよう。

原則２　変化を敏感にとらえ、積極的な変化を

ビジネス環境は変化し続ける。競争相手は次第に数が増え、次第に賢くなる。顧客も同様だ。こうした事実に無関心で変化を予想できなければ、企業は時代遅れになり、やがては死んでいく。

プリウスを発売する前、トヨタは画期的な製品に支えられた破壊的イノベーターとは決してみなされていなかった。(9) むしろ、絶え間ないイノベーションと、時間を要するが確実な意思決定プロセスで知られていた。だが、トヨタは市場のトレンドを読み取り、ハイブリッドカーを時代遅れにならないうちに発売する必要性を理解した。そのためプリウスの発売にあたっては、融通のきかない日本型経営システムの多くを打ち破って、製品開発を迅速に進めたのだ。

小売業界の巨人、ウォルマートでさえ、変化せずにはいられなくなっている。(10) この世界最大の小売企業は、多くの点で批判され、雇用や環境やサプライチェーン(供給連鎖)の慣行について多くの人から叩《たた》かれてきた。だが、ウォルマートは過去数年でグリーンな巨人に変身した。同社を勝者にした低価格戦略は、将来は消費者行動の変化によって役に立たないだろうことを、ウォルマートはようやく理解したのである。

時代が変化するときは、時代とともに変化しよう。

原則3　評判を守り、何者であるかを明確に

マーケティングではブランドの評判がすべてである。二つの製品の品質が同等なら、人びとはた

いてい評判が高いほうのブランドを選ぶ。企業は自社のブランドのポジショニングと差別化を標的市場に対して明確に示さなければならない。

ザ・ボディショップは、価値で動く企業の最も優れた例のひとつである。このイギリス企業の重要な活動、コミュニティトレード——世界各地の貧しいコミュニティから直接、天然原料を購入する活動——は、貧困の撲滅も同時にめざす最もすばらしい原料調達方法と言えるだろう。

ザ・ボディショップのもうひとつの有名なビジネス活動は、動物実験をしないという方針を徹底していることだ。この進歩的な企業は、EU（欧州連合）で動物実験が禁止されるはるか前から自社製品の動物による実験を禁じていた。これらの異例の活動は効率的ではないし、ビジネスの常識にも確実に反している。それにもかかわらず、ザ・ボディショップは天然原料の製品に対するニッチ（すき間）市場を創出することで、イギリス有数の好業績の小売企業に成長してきたのである。

その結果、世界最大の化粧品会社、ロレアルが三四・二パーセントのプレミアム（上乗せ）という驚異的な条件で同社を買収した。ザ・ボディショップにとっての課題は、組織内でロレアル——一部の原料を動物で実験していると批判されてきた企業——に影響を及ぼして自社の価値を強化し、同時に外部に対して自社の評判を守っていくことだ。

価値を明確にし、決して放棄しないこと。

原則4　製品から最も便益を得られる顧客を狙う

これはセグメンテーションの原則である。あらゆる顧客に訴えかける必要はないが、購入する可能性が最も高く、その購入から最も便益を得ると思われる人びとには、確実に訴えかけよう。ほとんどの製品市場は次の四つの層で構成されている。(11)

❶グローバル・セグメント。グローバルな製品や機能を求め、そのためには喜んで割増価格を払う人びと。

❷「グローカル」セグメント。品質はグローバルだが機能はローカルな製品を、若干低い価格で手に入れたいと思う人びと。

❸ローカル・セグメント。ローカルな機能のローカルな製品をローカル価格で手に入れたいと思う人びと。

❹ピラミッドの底辺セグメント。入手できる最も安価な製品しか買う余裕がない人びと。

ピラミッドの底辺セグメントは、途上国のローカル企業がライバルの多国籍企業に挑戦するのに適したセグメントである。このセグメントはマーケティング3・0にも適している。

セメント会社のホルシムはスリランカで手ごろな価格の住宅を求める貧しい人びとのニーズに対処している。マイクロファイナンス（小口金融）機関と協働して、店舗併設型住宅――小規模な事業も行えるように設計された住宅――を建設しているのである。ホルシムはこれらの低所得消費者を、経済ピラミッドをのぼっていって将来の市場になる層とみなしている。その一方でこのプロジェクトは、貧しい人びとによりよい住宅と収入源へのアクセスを提供することによって、コミュニティを変貌《へんぼう》させている。したがって、ミレニアム開発目標の1、2、3、7、8の達成を手助けしているのである。(12)

自社が最大の便益を提供できるセグメントを狙おう。

原則5　手ごろなパッケージの製品を公正価格で提供する

お粗末な品質の製品を高い価格で売ってはならない。真のマーケティングは公正なマーケティングであり、価格と製品が釣り合っていなければならないからだ。お粗末な品質の製品を高品質の製品として売ることで顧客をだまそうとしたら、その企業は顧客から直《ただ》ちに見捨てられるだろう。

ユニリーバは、価格の安いヨード無添加塩を使っているガーナの貧しい人びとが購入できるよう、ヨード添加塩の価格を引き下げようとしている。現地コミュニティの健康を改善するために、ユニリーバは自社のグローバルなケイパビリティ（能力）を活用している。消費財マーケティングの経験を生かして、サシェ（小袋）・マーケティングによって手ごろな価格を実現しているのである。ユニリーバの活動の重要な点は、サプライチェーンの手法を応用して流通コストを引き下げていることだ。このプロジェクトはミレニアム開発目標の1、4にとくに焦点を当てている[13]。

もうひとつの例は、プロクター・アンド・ギャンブル（P&G）の安全な飲み水を提供する活動である。P&Gもユニリーバと同じく、サシェ・マーケティングに熟達している。P&Gは独自の水処理技術を使って世界各地で安全な水を届けている。興味深いことに、この技術は手ごろな価格を実現するためにサシェ・サイズで提供されている。小袋の中身を注ぎ入れれば、一〇リットルの飲み水を浄化できるのだ。飲み水浄化活動によって、同社は世界がミレニアム開発目標の4、5、7を達成する手助けをしているのである[14]。

品質を反映した公正な価格をつけよう。

原則6　自社製品をいつでも入手できるように

あなたの会社の製品を求めている顧客が、それをなかなか見つけられないということがあってはならない。今日のグローバルなナレッジ・エコノミー（知識経済）では、情報技術やインターネットへのアクセスは不可欠だ。だが、デジタル・デバイド――デジタル技術やインターネットへのアクセスを持つ者と持たざる者の社会文化的格差――は、依然として世界中の課題になっている。この格差を埋められる企業が、顧客基盤を拡大することになるだろう。

ヒューレット・パッカードは二〇〇五年以来、さまざまな分野のパートナーと協働して途上国に情報技術を持ち込み、この格差を埋める努力をしてきた。[15] 成長を求める同社は、将来の市場として低所得コミュニティに狙いを定めており、市場創出の過程で貧しい人びとに情報技術へのアクセスを提供して、デジタル・デバイドを徐々に埋めている。これらの消費者は、成長を求める成熟市場の企業にとって希望の星である。

あなたの会社の製品を将来の顧客が見つける手助けをしよう。

原則7　顧客を獲得し、つなぎとめ、成長させる

ひとたび顧客を獲得したら、彼らとの良好な関係を強化しよう。顧客のニーズやウォンツ、選好や行動を完全に把握できるよう、ひとりひとりの顧客と個人的に知り合いになろう。それから顧客のビジネスを成長させよう。これらは顧客関係マネジメント（CRM）の原則である。つまり、理性的にも感情的にも深い満足を感じてあなたの会社から購入し続けてくれる適切な顧客を引き寄せるということだ。このような顧客は、クチコミ・マーケティングを通じてあなたの会社の最強の推《すい》奨《しょう》者にもなる。

ペット用品チェーンのペットスマートが運営しているプログラム、ペットスマート・チャリティーズは、店内縁組みセンターを通じて何百万頭もの捨てられたペットの命を救ってきた。[16]このプログラムはペットスマートの来店者を増やし、売り上げを増大させている。ペットスマートはペットを救うと同時に、新しい顧客を引き寄せ、彼らに関連商品を販売しているのである。同社はペットに対する思いやりを示しているので、消費者は感動し、ロイヤルティを持つ顧客になるわけだ。

顧客を生涯にわたる顧客とみなそう。

原則8　事業はすべて「サービス業」である

サービス業はホテルやレストランだけが行うものではない。どのような事業を行っている企業でも、顧客に奉仕したいという気持ちを持たなければならない。サービスはサービス提供者の気持ちの発露《はつろ》であって、義務とみなされてはならない。真摯《しんし》な気持ちと心からの共感をもって顧客に奉仕しよう。そうすればその経験は顧客のマインド内に間違いなく好ましい記憶として残るはずだ。製品やサービスを通じて表現される自社の価値が、人びとの生活に好ましい影響を与える必要があるということを、企業は理解する必要がある。

ホールフーズ・マーケットは自社の事業を顧客に対するサービス業、社会に対するサービス業ととらえている。だからこそ、同社は消費者のライフスタイルをより健康的なものに変えようとしているのである。同社はさらに、会社の戦略的方向性について社員に投票させることで、社員に対するサービスも実践している。

あらゆる製品がサービスを遂行するのだから、あらゆる企業がサービス企業である。

原則9　QCDのビジネス・プロセス改善を

マーケターの仕事は品質、コスト、納期（QCD）の点で自社のビジネス・プロセスを常に改善することだ。顧客や供給業者や流通パートナーに対する約束は必ず守らなければならない。品質、分量、納期、価格に関してウソやごまかしは決して行ってはならない。

S・C・ジョンソンは現地の供給業者と取引することでよく知られている。同社は生産性や納期を改善するために現地の農民と協力している。たとえば、ケニアの地元農民を巻き込んで除虫菊の持続可能な供給を維持しようとしている。NPOのキックスタートやケニア除虫菊委員会と協力して、農民の灌漑《かんがい》を支援しているのである。農民は新しい灌漑ポンプを得て生産性を向上させ、したがってS・C・ジョンソンに除虫菊をより安定的に供給することができる。さらに、ポンプのおかげで他の作物も栽培できるので、追加の所得を得ることもできる。S・C・ジョンソンは自社のサプライチェーンを強化しながら、ミレニアム開発目標の1、2、6に直接的、間接的に貢献しているのである。[17]

自社のビジネス・プロセスをあらゆる方法で日々改善しよう。

原則10　情報を集め、知恵を使って最終決定を

この原則は絶えず学び続ける必要性を説いたものだ。人間の下す最終決定を規定するものは、蓄積された知識と経験である。それがあれば、マーケターは精神の成熟と心の清澄《せいちょう》さに助けられて、もともと持っている知恵に基づいて迅速に決定を下すことができる。

アンドリュー・サビッツとカール・ウェーバーは、*The Triple Bottom Line*（中島早苗訳『サステナビリティ』アスペクト）で、チョコレート・メーカー、ハーシー・フーズ（現ザ・ハーシー・カンパニー）の興味深い話を紹介している。[18]二〇〇一年、ハーシー・フーズの最大株主であるハーシー・トラストの役員たちは、このチョコレート・メーカーの株式売却を検討した。市場に強力な競争相手が登場していたし、カカオの価格が将来大幅に上昇すると予想されていたからだ。財務的観点からすると、これらの要因は役員会が管理している信託基金の価値を減少させることになる。最大の株主価値を追求する方針を守るために、役員会は保有していたハーシー・フーズの株式をすべて製菓会社のリグリーに売却することにした。

ところが、役員会にとって予想外のことが起きた。社員たちがこの決定に怒り、買収されるのを

拒否したのである。彼らは力を結集し、チョコレートタウン広場でこの決定に対する抗議集会を開いた。役員会はようやく自分たちの決定が誤りだったことに気づいた。彼らの決定は財務的には適切だった。だが、その社会的インパクト、とりわけ社員に対するインパクトを考慮していなかったため、賢明ではなかったのだ。

賢明な経営者は、決定の財務的インパクトだけでなくそれ以外のインパクトも考慮する。

マーケティング3・0――今こそ変化を起こすとき

人間中心の企業でありながら、それでもなお利益をあげることは可能なのか。本書はこの問いに対して「可能である」という答えを提供する。企業の行動や価値は、一般大衆からますます厳しくチェックされるようになっている。ソーシャル・ネットワークの成長によって、人びとは既存の企業や製品やブランドについて、機能的パフォーマンスだけでなく社会的パフォーマンスの観点からも語り合うことができるようになっている。新世代の消費者は、社会の課題や関心に従来の消費者よりはるかに敏感だ。企業は自らを変革し、かつては無難だったマーケティング1・0や2・0の領域からマーケティング3・0の世界にできるだけ速く移行しなければならない。

本書が生まれた経緯

マーケティング3・0の基本コンセプトは、二〇〇五年一一月、ヘルマワン・カルタジャヤ率いる東南アジアのマーケティング・サービス会社、マークプラスのコンサルタント・グループによって生み出された。二年間の共創作業でそのコンセプトを強化した後、フィリップ・コトラーとヘルマワン・カルタジャヤが、ジャカルタで開かれた東南アジア諸国連合（ASEAN）四〇周年記念セミナーで試案として発表した。東南アジア唯一のG20（主要二〇カ国・地域）構成国であるインドネシアは、人間中心の考え方と精神性を重視する暮らし方で多様性のもたらす課題を克服している国である。アメリカ大統領、バラク・オバマは、幼少期の四年間をインドネシアで過ごし、東洋の人間中心の考え方について学んだ。マーケティング3・0は東洋で誕生し、形づくられたものであり、われわれは光栄にもスシロ・バンバン・ユドヨノ・インドネシア共和国大統領から「推薦の言葉」を寄せていただくことができた。

マーケティング3・0のコンセプトを生み出したマークプラスのコンサルタントのひとり、イワン・セティアワンは、ノースウエスタン大学ケロッグ経営大学院――欧米における世界トップクラスの経営大学院のひとつ――でフィリップ・コトラーと協働しながら、マーケティング3・0と新しい世界経済秩序の登場や、デジタル世界の台頭との関連性を強化する作業に取り組んだ。

推薦の言葉

アルビン・トフラーによれば、人類の文明は経済の三つの波に分けられる。第一の波は農耕時代で、この時代の最も重要な資本は農業に使える土地である。私の国、インドネシアはこの種の資本には明らかに恵まれている。第二の波は、イギリスをはじめとするヨーロッパ諸国で起きた産業革命の後の工業化時代である。この時代の必須の資本は機械と工場だ。第三の波は情報化時代で、この時代には知力と情報と最先端技術が、成功するために欠かせない資本である。今日、人類が地球温暖化という難問を抱えている中で、われわれは第四の波、すなわち創造性や文化、伝統、環境を重視する波に向かって進んでいる。インドネシアを導くにあたって、これは私が将来向かおうとしている方向である。

本書を一読して、マーケティングもまた同じ方向に進んでいることがよくわかった。マーケティング3・0は、人間の不安や欲求を感知するマーケターの能力に支えられる部分が大きいが、それらの不安や欲求は創造性や文化、伝統、環境に根ざしている。この事実は文化や伝統の多様性で知られるインドネシアにとって、よりいっそう大きな意味を持つ。インドネシアは価値主導の国でもあり、精神性が一貫して生活の中心要素になってきた。

うれしいことに、発展途上国の貧困や失業の削減をめざす国連の「ミレニアム開発目標」を支持している多国籍企業の実践が、本書で成功例として紹介されている。官と民の連携は、とりわけ途上国では一貫して経済成長の強力な基盤になってきたと確信している。本書は、インドネシアのピラミッドの最底辺にいる貧しい人びとを、ピラミッドの中央に移行させるという私のミッションにとってても大きな支えになる。また、わが国の最強の資産である環境を保全するためのインドネシア国民の活動を後押ししてくれるものでもある。

最後に、よりよい世界を築くため、本書の執筆に労を注がれた二人の高名なマーケターがインドネシア国民であることを誇りに思う。この知的刺激に満ちた本を書かれたフィリップ・コトラー、ヘルマワン・カルタジャヤ、イワン・セティアワンの三氏に祝意を表したい。本書を読まれるすべての人が、われわれの住むこの世界に変化をもたらす勇気をもらえるよう願っている。

インドネシア共和国大統領　スシロ・バンバン・ユドヨノ

マーケティングとはいったい何だろう。市場をセグメント化することによりターゲットを明確化し、ターゲットのニーズを読み解き、ニーズに合致した製品にユニークなポジショニングを規定する。ビジネス活動において、われわれはSTP（セグメンテーション、ターゲティング、ポジショニング）を実施し、顧客志向を貫くことがマーケティングの出発点であり原点であると考えてきた。

ところが近年、各社が提供する製品やサービスの品質水準が高度化し、コモディティ化が進むとともに、経済危機や資源枯渇などの社会的問題がクローズアップされるようになっている。貧困や格差は増大し、ソーシャル・メディアの革新も進んでいる。顧客を受動的なターゲットとしてとらえる伝統的なマーケティング発想では、機能面での満足を充足できても精神面での満足を充足することが難しくなっている。グローバル化した今日の社会において企業が貢献するためには、人間の志や精神面にも目を向ける必要があるだろう。新しい時代の流れとともに、マーケティングにもイノベーションが求められる段階に至っている。

そうしたなか、本書『コトラーのマーケティング3・0』が出版された。近代マーケティングの父とも称されるノースウエスタン大学ケロッグ経営大学院教授フィリップ・コトラーを中心に、インドネシアの気鋭のマーケターであるヘルマワン・カルタジャヤとイワン・セティアワンの三氏によって執筆されている。「マーケティング3・0」のコンセプトは、ヘルマワン・カルタジャヤ率いるマークプラスというコンサルティング会社によって生み出されたものであるが、コトラー教授を加えたことにより、主張に重みと体系性が増しているように思う。

著者たちは、マーケティング3・0を「協働マーケティング」「文化マーケティング」「スピリチュアル・マーケティング」の融合であると位置づけている。協働マーケティングでは、製品開発やコミュニケーションにおいて顧客や他社をいかに参加させ、協力を得るかが問題になる。文化マーケティングでは、グローバル化によるパラドックスといった文化的課題を自社のビジネスモデルの中心に据《す》え、グローバル化によって引き起こされる消費者行動の変化にも対応できるようにする。そして、スピリチュアル・マーケティングでは、単に人々のニーズを満たす製品やサービスだけではなく、精神を感動させる経験やビジネスモデルを提案し、心理精神的便益の実現が進められる。

私がマーケティング研究にかかわってきた過去三〇年間においても、マーケティングの進化は少なくとも数回生じている。競争戦略論、顧客リレーションシップ論、ブランド・エクイティ論などによって、マーケティングは着実に進化を遂《と》げてきた。今回のマーケティング3・0と称する新しいマーケティングは、マーケティングの個々の進化を超えた次世代のマーケティング・ステージといえるだろう。

企業のビジネス活動は、過去と比べものにならないほど、多くの人々から厳しいチェックを受けるようになっている。グローバル化した市場での競争も、厳しさを増すばかりである。先進的ないくつかの企業は、これまでのマーケティングに限界や矛盾をすでに感じているはずである。すみやかにマーケティング3・0のステージに進むべきであるとの著者たちの主張は、決して誇張表現ではないだろう。本書『コトラーのマーケティング3・0』には、次世代のマーケティングを考える上での発想や切り口が数多く盛り込まれている。

私は、過去に多くのコトラー教授の著書を翻訳、監修してきた。それだけに彼のマーケティング観やマーケティング発想は十分に理解しているつもりである。だが本書では、これまでに取り上げられたことのない精神性や人間中心の考え方が色濃く打ち出されており、コトラー教授の新しい面に触れることができたと感じている。

原著の翻訳は、これまでに多くのベストセラー翻訳本を手がけている藤井清美氏にお願いすることができた。大変読みやすい仕上がりとなっており、多くの読者に手にとってもらえるものと確信している。

また監訳作業では、早稲田大学大学院博士後期課程に在籍する渋谷義行氏と外川拓氏に協力をいただいた。忙しい時間を割いて協力してくれた二人には心より感謝したい。最後となったが、本書の企画を進め、猛暑が続くなか編集作業を進めてくれた朝日新聞出版ビジネス編集部の増渕有氏にお礼申し上げたい。

二〇一〇年夏

早稲田大学商学学術院長兼商学部長　恩藏直人《おんぞうなおと》

of Campbell's Soup: Pink-Labeled Cans a Hit with Kroger Customers," *AdvertisingAge*, October 3, 2006.

5. Sébastien Miroudot, "The Linkages between Open Services Market and Technology Transfer," OECD Trade Policy Working Paper No. 29, January 27, 2006.
6. Adam M. Brandenburger and Barry J. Nalebuff, *Co-opetition: A Revolutionary Mindset that Combine Competition and Cooperation ... The Game Theory Strategy that's Changing the Game of Business* (New York: Currency Doubleday, 1996).（嶋津祐一、東田啓作訳『コーペティション経営——ゲーム理論がビジネスを変える』日本経済新聞出版社、1997年）
7. "Increasing People's Access to Essential Medicines in Developing Countries: A UK Government Policy Paper, Department for International Development, March 2005.
8. Martin Hickman, "(RED) Phone Unites Rival Telecom Operators in Battle against AIDS," *The Independent*, May 16, 2006.
9. Alex Taylor III, "Toyota: The Birth of the Prius," *Fortune*, February 21, 2006.
10. Marc Gunther, "The Green Machine," *Fortune*, July 31, 2006.
11. Tarun Khanna and Krishna G. Palepu, "Emerging Giants: Building World-Class Companies in Developing Countries," *Harvard Business Review*, October 2006.
12. Cécile Churet & Amanda Oliver, 前掲論文。
13. Cécile Churet & Amanda Oliver, 前掲論文。
14. Cécil Churet & Amanda Oliver, 前掲論文。
15. Ira A. Jackson and Jane Nelson, *Profit with Principles: Seven Strategies for Delivering Value with Values* (New York: Currency Doubleday, 2004).
16. Philip Kotler and Nancy Lee, *Corporate Social Responsibility: Doing the Most good for Your Company and Your Cause* (Hoboken, NJ: John Wiley & Sons, 2005).（早稲田大学大学院恩藏研究室訳、恩藏直人監訳『社会的責任のマーケティング——「事業の成功」と「CSR」を両立する』東洋経済新報社、2007年）
17. Cécile Churet & Amanda Oliver, 前掲論文。
18. Andrew W. Savitz and Karl Weber, *The Triple Bottom Line: How Today's Best-Run Companies Are Achieving Economic, Social, and Environmental Success---and How You Can Too* (San Francisco: Jossey-Bass, 2006).（中島早苗訳『サステナビリティ——企業の持続的成長を可能にする3原則』アスペクト、2008年）

2. Stuart L. Hart, "Beyond Greening: Strategies for a Sustainable World," *Harvard Business Review*, January-February 1997.
3. Marc Gunther, "Green is Good," *Fortune Magazine*, March 22, 2007.
4. Noah Walley and Bradley Whitehead, "It's Not Easy Being Green," *Harvard Business Review*, May-June 1994.
5. The Wal-Mart Case is mainly written based on an article by Marc Gunther, "The Green Machine," *Fortune*, July 31, 2006.
6. www.dictionary.comより。
7. "Is Wal-Mart Going Green?" *MSNBC News Services*, October 25, 2005.
8. ティンバーランドのホームページ〈www.timberland.com〉May 11, 2007より。
9. Jayne O'Donnell and Christine Dugas, "More Retailers Go for Green---the Eco King," *USA Today*, April 19, 2007.
10. Marc Gunther, "Compassionate Capitalism at Timberland," *Fortune*, February 8, 2006.
11. Daniel C. Esty and Andrew S. Winston, *Green to Gold: How Smart Companies Use Environmental Strategy to Innovate, Create Value, and Build Competitive Advantage* (New Haven, CT: Yale University Press, 2006).（村井章子訳『グリーン・トゥ・ゴールド――企業に高収益をもたらす「環境マネジメント」戦略』アスペクト、2008年）
12. VALSは、消費者の行動を推進する性格特性に基づいて消費者市場をセグメント化することで、現在および将来の機会を見つけ出すシステム。セグメント化の詳しい説明は、 www.sric-bi.com/VALS/を参照のこと。
13. Anne Underwood, "10 Fixes for the Planet," *Newsweek*, May 5, 2008.
14. 顧客をより責任ある選択に向かわせる方法については、Richard H. Thaler and Cass R. Sunstein, *Nudge: Improving Decisions about Health, Wealth, and Happiness* (New Haven, CT: Yale University Press, 2008).（遠藤真美訳『実践 行動経済学――健康、富、幸福への聡明な選択』日経BP社、2009年）を参照のこと。
15. Charles Lockwood, "Building the Green Way," *Harvard Business Review*, June 2006.
16. Geoffrey A. Moore, Crossing the Chasm: *Marketing and Selling High Tech to Mainstream Customers* (New York: HarperBusiness, 1999).（川又政治訳『キャズム――ハイテクをブレイクさせる超マーケティング理論』翔泳社、2002年）

第10章

1. MDGについての詳しい情報は、www.un.org/millenniumgoals/を参照のこと。
2. Cécile Churet & Amanda Oliver, *Business for Development: Business Solutions in Support of the Millennium Development Goals*, World Business Council for Sustainable Development, 2005.
3. Donald B. Calne, *Within Reason: Rationality and Human Behavior* (New York: Pantheon Books, 1999).
4. Stephanie Thompson, "Breast Cancer Awareness Strategy Increases Sales

20日、最終閲覧日2007年5月2日)
21. Don Johnston, Jr. And Jonathan Morduch, "The Unbanked: Evidence from Indonesia," *The World Bank Economic Review*, 2008.
22. Michael Chu, "Commercial Returns and Social Value: The Case of Microfinance," Harvard Business School Conference on Global Poverty, December 2, 2005.
23. ユニリーバのウェブサイト〈www.unilever.com/sustainability/casestudies/health-nutrition-hygiene/globalpartnershipwithunicef.aspx〉より。
24. ホルシムのウェブサイト〈www.holcim.com/CORP/EN/id/1610640158/mod/7.2.5.0/page/case.study.html〉より。
25. Steve Hamm, "The Face of the $100 Laptop," *BusinessWeek*, March 1, 2007.
26. Farhad Riahi, "Pharma's Emerging Opportunity," *The McKinsey Quarterly*, September 2004.
27. Nicholas P. Sullivan, *You Can Hear Me Now: How Microloans and Cell Phones Are Connecting the World's Poor to the Global Economy* (San Francisco, Jossey-Bass, 2007). (東方雅美、渡部典子訳『グラミンフォンという奇跡——「つながり」から始まるグローバル経済の大転換』英治出版、2007年)
28. "Marketing to Rural India: Making the Ends Meet," *India Knowledge@ Whrton,* March 8, 2007.
29. Kunal Sinha, John, Goodman, Ajay S. Moorkerjee, and John A. Quelch, "Marketing Programs to Reach India's Underserved," in V. Kasturi Rangan, John A. Quelch, Gustavo Herrero, and Brooke Barton (editors), *Business Solutions for the Global Poor: Creating Social and Economic Value* (San Francisco: Jossey-Bass, 2007).
30. VALS は、消費者の行動の動機となる性格特性に基づいて消費者市場をセグメント化することにより、現在および将来の機会を見つけ出すシステム。セグメント化の詳細については、www.sric-bi.com/VALS/を参照のこと。
31. Douglas B. Holt, *How Brands Become Icons: The Principles of Cultural Branding* (Boston: Harvard Business School Press, 2004). (斉藤裕一訳『ブランドが神話になる日』武田ランダムハウスジャパン、2005年)
32. Cécil Churet & Amanda Oliver, *Business for Development,* World Business council for Sustainable Development, 2005.
33. 生協グループのウェブサイト〈www.co-operative.coop/〉より。
34. Guillermo D'Andrea and Gustavo Herrero, "Understanding Consumers and Retailers at the Base of the Pyramid in Latin America," Harvard Business School Conference on Global Poverty, December 2, 2005.
35. Christopher P. Beshouri, "A Grassroots Approach to Emerging Market Consumers," *The McKinsey Quarterly,* 2006, Number 4.

第9章

1. The DuPont Case is mainly written based on an article by Nicholas Varchaver, "Chemical Reaction," *Fortune,* March 22, 2007.

Unfair World (Princeton: Princeton University Press, 2006).
3. C.K. Prahalad, *The Fortune at the Bottom of the Pyramid: Eradicating Poverty through Profits* (Philadelphis: Wharton School Publishing, 2005).(スカイライト・コンサルティング訳『ネクスト・マーケット――「貧困層」を「顧客」に変える次世代ビジネス戦略』英治出版、2005年)
4. Fareed Zakaria, *Post-American World* (New York: W.W. Norton & Co., 2008).(楡井浩一訳『アメリカ後の世界』徳間書店、2008年)
5. Eric D. Beinhocker, Diana Farrell, and Adil S. Zainulbhai, "Tracking the Growth of India's Middle Class," *The McKinsey Quarterly*, August 2007.
6. Jeffrey D. Sacks, *The End of Poverty: Economic Possibilities for Our Time* (New York: Penguin Press, 2005). (鈴木主税、野中邦子訳『貧困の終焉――2025年までに世界を変える』早川書房、2006年)
7. U.N. Millennium Project 2005, Investing in Development: A Practical Plan to Achieve the Millennium Development Goals: Overview, United Nations Development Program, 2005.
8. ITCのウェブサイト〈www.itcportal.com/rural-development/echoupal.htm〉より。
9. Ruma Paul, "Bangladesh Grameenphone Eyes Rural Users with New Plan," *Reuters*, December 1, 2008.
10. Luis Alberto Moreno, "Extending Financial Services to Latin America's Poor," *The McKinsey Quarterly*, March 2007.
11. ユニリーバのウェブサイト〈www.unilever.com/sustainability/〉より。
12. "Dell Eyes $1 Billion Market in India," *The Financial Express*, August 13, 2008.
13. "China to Increase Investment in rural Areas by over 100 Billion Yuan," *People' Daily*, January 31, 2008.
14. Patrick Barta and Krishna Pokharel, "Megacities Thereaten to Choke India," *Wall Street Journal*, May 13, 2009.
15. Stuart L. Hart, *Capitalism at the Crossroads: The Unlimited Business Opportunities in Solving the World's Most Difficult Problems* (Philadelphia: Wharton School Publishing, 2005). (石原薫訳『未来をつくる資本主義――世界の難問をビジネスは解決できるか』英治出版、2008年)
16. Clayton M. Christensen, *The Innovator's Dilemma: When New Technologies Cause Great Firms to Fail* (New York: HarperBusiness, 2000). (伊豆原弓、玉田俊平太訳『イノベーションのジレンマ』翔泳社、2001年)
17. Garry Emmons, "The Business of Global Poverty: Interview with Michael Chu," Harvard Business School Working Knowledge, April 4, 2007.
18. Sheridan Prasso, "Saving the World with a Cup of Yogurt," *Fortune,* March 15, 2007.
19. Press release---Danone, "Launching of Danone Foods Social Business Enterprise," March 16, 2006.
20. Muhammad Yunus, "Social Business Entrepreneurs Are the Solution," www.grameen-info.org/bank/socialbusinessentrepreneurs.htm(最終更新日2005年8月

12. Gallup Poll, December 19, 2008.
13. Emily Bryson York, "Quaker Kicks Off Brand Campaign in Times Square," *Advertising Age*, March 9, 2009.
14. Karen Egolf, "Haagen-Dazs Extends Its Honey-Bee Efforts," *Advertising Age*, August 4, 2009.
15. "Shoppers Determine Grocers' Charitable Giving," *RetailWire*, September 5, 2008.
16. Ron Irwin, "Can Branding Save the World?" *Brandchannel,* April 8, 2002.
17. "Motorola Foundation Grants $5 Million to Programs that Engage Budding Innovators," press release, Motorola, June 25, 2009.
18. Survey by Edelman, Edelman press release, November 15, 2007, cited Ryan McConnell, "Edelman: Consumers Will Pay Up to Support Socially Conscious Marketers," *Advertising Age*, November 16, 2007.
19. Debby Bielak, Sheila M.J. Bonini, and Jeremy M. Oppenheim, "CEOs on Strategy and Social Issues," *The McKinsey Quarterly*, October 2007.
20. Brendan C. Buescher and Paul D. Mango, "Innovation in Health Care: An Interview with the CEO of the Cleveland Clinic," *The McKinsey Quarterly*, March 2008.
21. Michael Mandel, "The Real Cost of Offshoring," *BusinessWeek*, June 18, 2007.
22. Lew McCreary, "What Was Privacy," *Harvard Business Review*, October 2008.
23. Lisa Johnson and Andrea Learned, *Don't Think Pink: What Really Makes Women Buy---and How to Increase Your Share of This Crucial Market* (New York: AMACOM, 2004).（飯岡美紀訳『女性に選ばれるマーケティングの法則』ダイヤモンド社、2005年）
24. Michael J. Silverstein and Kate Sayre, "The Female Economy," *Harvard Business Review*, September 2009.
25. Sylvia Ann Hewlett, Laura Sherbin, and Karen Sumberg, "How Gen Y & Boomers Will Reshape Your Agenda," *Harvard Business Review*, July-August 2009.
26. Ian Rowley and Hiroko Tashiro, "Japan: Design for the Elderly," *BusinessWeek*,, May 6, 2008.
27. "Burgeoning Bourgeoisie," *The Economist*, February 12, 2009.
28. Sheila Bonini, Jieh Greeney, and Lenny Mendonca, "Assessing the Impact of Societal Issues: A McKinsey Global Survey," *The McKinsey Quarterly*, November 2007.
29. Tim Sanders, "Social Responsibility Is Dead," *Advertising Age*, September 17, 2009.
30. Human-Centered Design: An Introduction, *IDEO*, 2009.

第8章

1. Press release: Nobel Peace Prize 2006, Oslo, October 13, 2006.
2. Ethan B. Kapstein, *Economic Justice: Towards a Level Playing Field in and*

2007.
28. Bob Willard, *The Next Sustainability Wave: Building Boardroom Buy-in* (British Columbia: New Society Publishers, 2005).
29. "Valuing Corporate Social Responsibility," *The McKinsey Quarterly*, February 2009.
30. Lutz Kaufmann, Felix Reimann, Matthias Ehrgott, and Johan Rauer, "Sustainable Success: For Companies Operating in Developing Countries, It Pays to Commit to Improving Social and Environmental Conditions," *Wall Street Journal*, June 22, 2009.
31. Carol Stephenson, "Boosting the Triple Bottom Line," *Ivey Business Journal*, January/February 2008.
32. 2009 Cone Consumer Environmental Survey, Cone, 2009.
33. Sally Cohen, "Making the Case for Environmentally and Socially Responsible Consumer Products," Forrester, 2009.
34. Mary Jo Hatch and Majken Schultz, "Are the States Aligned for Your Corporate Brand?," *Harvard Business Review*, February 2001.
35. BSR/Cone 2008 Corporate Sustainability in a New World Survey, Cone, 2008.
36. Jez Frampton, "Acting Like a Leader: The Art of Sustainable Sustainability," Interbrand, 2009.

第7章

1. B. Joseph Pine II and James H. Gilmore, *The Experience Economy: Work Is Theater and Every Business a Stage* (Boston: Harvard Business Press, 1999).(電通「経験経済」研究会訳『経験経済——エクスペリエンス・エコノミー』流通科学大学出版、2000年)
2. The 2008 Cone Cause Evolution Study, Cone, 2008.
3. Richard Stengel, "Doing Well by Doing Good," *Time*, September 10, 2009.
4. Liza Ramrayka, "The Rise and Rise of the Ethical Consumer," *Guardian*, November 6, 2006.
5. Ryan Nakashima, "Disney to Purchase Marvel Comics for $4B," *Time*, August 31, 2009.
6. David E. Bell and Laura Winig, "Disney Consumer Products: Marketing Nutrition to Children," Harvard Business School Case, 2007.
7. *The Walt Disney Fact Book*, 2008.に記されている2007年と2008年の数字 に基づく。
8. Matthew Boyle, "The Wegmans Way," *Fortune*, January 24, 2005.
9. Mark Tatge, "As a Grocer, Wal-Mart is No Category Killer," *Forbes*, June 30, 2003.
10. "The State of Corporate Philanthropy: A McKinsey Global Survey," *The McKinsey Quarterly*, January 2008.
11. Survey by Merrill Lynch and Capgemini, cited in Shu-Ching Jean Chen, "When Asia's Millionaires Splurge, They Go Big," *Fortune*, 2007.

Wharton, May 19, 2003.
10. "The Disappearing Mid-Market," *The Economist*, May 18, 2006.
11. Trond Riiber Knudsen, Andreas Randel, and Jorgen Rugholm, "The Vanishing Middle Market," *The McKinsey Quarterly*, Number 4, 2004.
12. C.K. Prahalad, *The Fortune at the Bottom of the Pyramid: Eradicating Poverty through Profits* (Philadelphia: Wharton School Publishing, 2005).（スカイライト・コンサルティング訳『ネクスト・マーケット――「貧困層」を「顧客」に変える次世代ビジネス戦略』英治出版、2005年）; Stuart L. Hart, *Capitalism at the Crossroads: The Unlimited Business Opportunities in Solving the World's Most Difficult Problems* (Philadelphia: Wharton School Publishing, 2005).（石原薫訳『未来をつくる資本主義――世界の難問をビジネスは解決できるか』英治出版、2008年）
13. Clayton M. Christensen, *The Innovator's Dilemma: When New Technologies Cause Great Firms to Fall* (New York: HarperBusiness, 2000).（伊豆原弓、玉田俊平太訳『イノベーションのジレンマ――技術革新が巨大企業を滅ぼすとき』翔泳社、2001年）
14. Philip Kotler and Nancy R. Lee, *Up and Out of Poverty: The Social Marketing Solution* (Philadelphia: Wharton School Publishing, 2009).（塚本一郎監訳『コトラー　ソーシャル・マーケティング――貧困に克つ7つの視点と10の戦略的取り組み』丸善、2010年）
15. Muhammad Yunus, *Banker to the Poor: Micro-Lending and the Battle against World Poverty* (New York: PublicAffairs, 2003).（猪熊弘子訳『ムハマド・ユヌス自伝――貧困なき世界をめざす銀行家』早川書房）
16. Arphita Khare, "Global Brands Making Foray in Rural India," *Regent Global Business Review*, April 2008.
17. Lynelle Preston, "Sustainability at Hewlett-Packard: From Theory to Practice," *California Management Review*, Spring 2001.
18. Marc Gunther, "The Green Machine," *Fortune*, July 31, 2006.
19. Al Gore and David Blood, "We Need Sustainable Capitalism," *Wall Street Journal*, November 5, 2008.
20. Marc Gunther, "Money and Morals at GE," *Fortune*, November 15, 2004.
21. Daniel Mahler, "Green Winners: The Performance of Sustainability-focused Companies in the Finland Crisis," A.T. Kearney, February 9. 2009.
22. "Doing Good: Business and the Sustainability Challenge," Economist Intelligence Unit, 2008.
23. KLD Broad Market Social Index Fact Sheet, KLD Research & Analytics, 2009.
24. FTSE4Good Index Series Inclusion Criteria, FTSE International Limited, 2006.
25. *Dow Jones Sustainability World Index Guide Book Version 11.1,* Dow Jones, September 2009.
26. "Introducing GS Sutain," Goldman Sachs Investment Research, June 22, 2007.
27. Lenny T. Mendonca and Jeremy Oppenheim, "Investing in Sustainability: An Interview with Al Gore and David Blood," *The McKinsey Quarterly*, May

Eiderkin, and Krista McQuade, "The Body Shop International," *Harvard Business Review*, September 2009.にまとめられている。
9. ベン・アンド・ジェリーズのロシアでの活動の詳細は、Iris Berdrow and Henry W. Lane, "Iceverks: Ben & Jerry's in Russia," Richard Ivey School of Business Case, 1993.にまとめられている。
10. Neil Rackham, Lawrence Friedman, and Richard Ruff, *Getting Partnering Right: How Market Leaders Are Creating Long-Term Competitive Advantage* (New York: McGraw-Hill, 1996).
11. Tony Haitao Cui, Jagmohan S. Raju, and Z. John Zhang, "Fairness and Channel Coordination," *Management Science*, Vol. 53, No. 8, August 2007.
12. Marta Shao and Glenn Carrol, "Maria Yee Inc.: Making 'Green' Furniture in China," Stanford Graduate School of Business Case, 2009.
13. Sushil Vachani and N. Craig Smith, "Socially Responsible Distribution: Strategies for Reaching the Bottom of the Pyramid," *California Management Review*, 2008.
14. 「新しいデータは1日1.25ドル未満で暮らしている人が14億人いることを示しているが、貧困に対する戦いは依然として力強く前進している」http://go.worldbank.org/DQKD6WV4T0 World Bank, 2008.
15. Sushil Vachani and N. Craig Smith, "Socially Responsible Distribution: Strategies for Reaching the Bottom of the Pyramid," *California Management Review*, 2008.
16. Nielsen Online Global Consumer Study, April 2007より。

第6章

1. Yalman Onaran and Christopher Scinta, "Leman Files Biggest Bankruptcy Case as Suitors Balk," *Bloomberg*, September 15, 2008.
2. John H. Cochrane and Luigi Zingales, "Leman and the Financial Crisis," *Wall Street Journal*, September 15, 2009.
3. Jim Collins, *How the Mighty Fall and What Some Companies Never Gives In* (New York: HarperBusiness, 2009).
4. "Overcoming Short-termism: A Call for a More Responsible Approach to Investment and Business Management," The Aspen Institute, 2009.
5. "Shareholder Rights and Wrongs," *The Economist*, August 8, 2009.
6. Alfred Rappaport, "10 Ways to Create Shareholder Value," *Harvard Business Review*, September 2006.
7. Philip Kotler, Hermawan Kartajaya, David Young, *Attracting Investors: A Marketing Approach to Finding Funds for Your Business* (Hoboken, NJ: John Wiley & Sons, 2004). (森谷博之訳『コトラーの資金調達マーケティング——企業家、ベンチャー、中小企業のための投資家獲得戦略』PHP研究所、2005年)
8. Jim C. Collins and Jerry I. Porras, "Organizational Vision and Visionary Organization," *California Management Review*, Fall 1991.
9. "Forging a Link between Shareholder Value and Social Good," *Knowledge@*

15. "The Body Beautiful—Ethical Business," *The Economist*, March 26, 2006.
16. William B. Werther, Jr. and David Chandler, *Strategic Corporate Social Responsibility: Stakeholders in a Global Environment* (Thousand Oaks, CA: Sage Publications, 2006).
17. Michael E. Porter and Mark R. Kramer, "Strategy & Society: The Link between Competitive Advantage and Corporate Social Responsibility," *Harvard Business Review*, December 2006.
18. Nicholas Ind, *Living the Brand: How to Transform Every Member of Your Organization into a Brand Champion* (London: Kogan Page, 2007).
19. Rosabeth Moss Kanter, "Transforming Giants," *Harvard Business Review*, January 2008.
20. Brian O'Reilly, "The Rent-a-Car Jocks Who Made Enterprise #1," *Fortune*, October 26, 1996.
21. Jim Collins, "Align Action and Values," *Leadership Excellence*, January 2009.
22. Chris Murphy, "S.C. Johnson Does More than Talk," *Information Week*, 19 September 2005.
23. Robert Levering, "The March of Flextime Transatlantic Trends," *Financial Times*, April 28, 2005.
24. Tamara J. Erickson and Lynda Gratton, "What It Means to Work Here," *Harvard Business Review*, March 2007.
25. Charles Fishman, "The War for Talent," *Fast Company*, December 18, 2007.
26. Greg Hills and Adeeb Mahmud, "Volunteering for Impact: Best Practices in International Corporate Volunteering," FSG Social Impact Advisors, September 2007.
27. Rosabeth Moss Kanter, *SuperCorp: How Vanguard Companies Create Innovation, Profits, Growth, and Social Good* (New York: Random House, 2009).

第5章

1. Andrew Park, "Michael Dell: Thinking Out of the Box," *BusinessWeek*, November 24, 2004.
2. Sunil Chopra, "Choose the Channel that Matches Your Product," *Supply Chain Strategy*, 2006.
3. Olga Kharif, "Dell: Time for a New Model," *BusinessWeek*, April 6, 2005.
4. Mitch Wagner, "IT Vendors Embrace Channel Partners," *BtoB*, September 9, 2002.
5. Paul Kunert, "Dell in Channel Embrace," *MicroScope*, May 7, 2007.
6. Scott Campbell, "Dell and the Channel: One Year Later," *Computer Reseller News*, August 11, 2008.
7. James Gustave Speth, "Doing Business in a Post-Growth Society," *Harvard Business Review*, September 2009.
8. ザ・ボディショップの成長についての詳細は、Christopher Bartlett, Kenton

20. Brian Morrissey, "Cause Marketing Meets Social Media," *Adweek,* May 18, 2009.
21. B. Joseph Pine and James H. Gilmore, "Keep It Real: Learn to Understand, Manage, and Excel at Rendering Authenticity," *Marketing Management*, January/February 2003.
22. Frederick F. Reichheld, "The One Number You Need to Grow," *Harvard Business Review*, December 2003.
23. Dan Schawbel, "Build a Marketing Platform like a Celebrity," *BusinessWeek*, August 8, 2009.
24. Sam Knight, "Insight: My Secret Love," *Financial Times*, July 25, 2009.

第4章

1. Gina McColl, "Business Lacks Respect," *BRW,* Vol. 31, Issue 25, June 25, 2009.
2. Bethany McLean and Peter Elkind, *The Smartest Guys in the Room: The Amazing Rise and Scandalous Fall of Enron* (New York: Portfolio, 2003).
3. Sarah F. Gold, Emily Chenoweth, and Jeff Zaleski, "The Smartest Guys in the Room: The Amazing Rise and Scandalous Fall of Enron," *Publishers Weekly*, Vol. 250, Issue 41, October 13, 2003.
4. Alaina Love, "Flawed Leadership Values: The AIG Lesson," *BusinessWeek*, April 3, 2009.
5. Jake DeSanitis, "Dear AIG, I Quit!" *New York Times*, March 25, 2009.
6. Neeli Bendapudi and Venkat Bendapudi, "How to Use Language that Employees Get," *Harvard Business Review*, September 2009.
7. Patrick M. Lencioni, "Make Your Values Mean Something," *Harvard Business Review*, July 2002.
8. 情報は企業のウェブサイトや『フォーチュン』『ファスト・カンパニー』などの雑誌を中心にさまざまな出典から集めた。
9. Leonard L. Berry and Kent D. Seltman, *Management Lessons from Mayo Clinic: Inside One of the World's Most Admired Service Organizations* (New York: McGraw-Hill, 2008).（古川奈々子訳『すべてのサービスは患者のために――伝説の医療機関〈メイヨー・クリニック〉に学ぶサービスの核心』日本出版貿易、2009年）
10. Elizabeth G. Chambers, Mark Foulon, Helen Handfield-Jones, Steve M. Hankin, and Edward G. Michaels III, "The War for Talent," *The McKinsey Quarterly*, Number 3, 1998.
11. David Dorsey, "The New Spirit of Work," *Fast Company*, July 1998.
12. Douglas A. Ready, Linda A. Hill and Jay A. Conger, "Winning the Race for Talent in Emerging Markets," *Harvard Business Review*, November 2008.
13. Brian R. Stanfield, "Walking the Talk: The Questions for All Corporate Ethics and Values Is: How Do They Play Out in Real Life?" *Edges Magazine*, 2002.
14. Social and Environmental Assessment 2007（オンラインで閲覧）www.benjerry.com/company/sear/2007/index.cfm, Ben & Jerry's, 2008.

第3章

1. Anne B. Fisher, "Coke's Brand-Loyalty Lesson," *Fortune,* August 5, 1985.
2. Lisa Abend, "The Font War: IKEA Fans Fume over Verdana," *BusinessWeek*, August 28, 2009.
3. Jack Welch and Suzy Welch, "State Your Business: Too Many Mission Statements Are Loaded with Fatheaded Jargon. Play it Straight," *BusinessWeek*, January 14, 2008.
4. Paul B. Brown, "Stating Your Mission in No Uncertain Terms," *New York Times*, September 1, 2009.
5. George S. Day and Paul J.H. Schoemaker, "Are You a 'Vigilant Leader'?" *MIT Sloan Management Review,* Spring 2008, Vol. 49, No.3.
6. Michael Maccoby, *Narcissistic Leaders: Who Succeeds and Who Fails* (Boston: Harvard Business School Press, 2006).
7. Peter F. Drucker, "What Business Can Learn from Nonprofits," *Classic Drucker* (Boston: Harvard Business School Press, 2006).
8. Saul Hansell, "A Surprise from Amazon: Its First Profit," *New York Times,* January 23, 2002.
9. Rafe Needleman, "Twitter Still Has No Business Model, and That's OK," *CNET News,* March 27, 2009.
10. Laura Locke, "The Future of Facebook," *Time,* July 7, 2007.
11. B. Joseph Pine II and James H. Gilmore, *The Experience Economy: Work Is Theater and Every Business a Stage* (Boston: Harvard Business Press, 1999).(電通「経験経済」研究会訳『経験経済――エクスペリエンス・エコノミー』流通科学大学出版、2000年)
12. Noel Tichy, *Leadership Engine: How Winning Companies Build Leaders at Every Level* (New York: HarperCollins, 2002).
13. Steven Prokesch, "How GE Teaches Teams to Lead Change," *Harvard Business Review*, January 2009.
14. "Storytelling that Moves People: A Conversation with Screenwriting Coach Robert Mckee," *Harvard Business Review*, June 2003.
15. Douglas B. Holt, *How Brands Become Icons: The Principles of Cultural Branding* (Boston: Harvard Business School Press, 2004).(斉藤裕一訳『ブランドが神話になる日』武田ランダムハウスジャパン、2005年)
16. Chip Heath and Dan Heath, *Made to Stick: Why Some Ideas Survive and Others Die* (New York: Random House, 2007).
17. Gerald Zaltman and Lindsay Zaltman, *Marketing Metaphoria: What Deep Metaphors Reveal about the Minds of Consumers* (Boston: Harvard Business School Press, 2008).
18. David P. Reed, "The Law of the Pack," *Harvard Business Review*, February 2001.
19. 最新の情報は公式ウェブサイト〈www.project10tothe100.com〉を参照のこと。

Free Press, 2004).（フランクリン・コヴィー・ジャパン株式会社訳『第8の習慣——「効果」から「偉大」へ』キングベアー出版、2005年）

11. Al Ries and Jack Trout, *Positioning: The Battle for Your Mind* (New York: Mcgraw-Hill, 1981).（嶋村和恵、西田俊子訳『ポジショニング——情報過多社会を制する新しい発想』電通、1987年）

12. Bernd H. Schmitt, *Experiential Marketing: How to Get Customers to Sense, Think, Act, Relate to Your Company and Brands* (New York: Free Press, 1999).（嶋村和恵、広瀬盛一訳『経験価値マーケティング——消費者が「何か」を感じるプラスαの魅力』ダイヤモンド社、2000年）; Marc Gobe, *Emotional Branding: The New Paradigm for Connecting Brands to People* (New York: Allworth Press, 2001).（福山健一訳『エモーショナルブランディング——こころに響くブランド戦略』宣伝会議、2002年）; Kevin Roberts, *Lovemarks: The Future Beyond Brands* (New York: Powerhouse Books, 2004).（岡部真理、椎野淳、森尚子訳『永遠に愛されるブランド　ラブマークの誕生』武田ランダムハウスジャパン、2005年）

13. 「ブランド－ポジショニング－差別化のトライアングル」のオリジナル版は、Philip Kotler, Hermawan Kartajaya, Hooi Den Huan, Sandra Liu, *Rethinking Marketing: Sustainable Marketing Enterprise in Asia* (Singapore: Pearson Education Asia, 2002)に掲載されている。

14. C.K. Prahalad, *The Fortune at the Bottom of the Pyramid: Eradicating Poverty throught Profits* (Philadelphia: Wharton School Publishing, 2005).（スカイライト・コンサルティング訳『ネクスト・マーケット——「貧困層」を「顧客」に変える次世代ビジネス戦略』英治出版、2005年）

15. James Austin, Herman B. Leonard, and James W. Quinn, "Timberland: Commerce and Justice," Harvard Business School Case, revised December 21, 2004.

16. Marc Benioff and Karen Southwick, *Compassionate Capitalism: How Corporations Can Make Doing Good an Integral Part of Doing Well* (Franklin Lakes, New Jersey: The Career Press Inc., 2004).

17. Paul Dolan and Thom Elkjer, *True to Our Roots: Fermenting a Business Revolution* (New York: Bloomberg Press, 2003).（天野淑子訳『一粒のブドウが生んだ、奇跡のオーガニック経営』武田ランダムハウスジャパン、2005年）

18. Peter F. Drucker, "What Business Can Learn from Nonpforits," *Classic Drucker* (Boston: Harvard Business School Press, 2006).（DIAMONDハーバード・ビジネス・レビュー編集部訳『P.F. ドラッカー経営論』ダイヤモンド社、2006年刊に収められている）

19. Charles Handy, "Finding Sense in Uncertainty" in Rowan Gibson, *Rethinking the Future: Rethinking Business, Principles, Competition, Control and Complexity, Leadership, Markets and the World* (London: Nicholas Brealey Publishing, 1997).

20. Reggie Van Lee, Lisa Fabish, and Nancy Mcgaw, "The Value of Corporate Values," *strategy+business,* Issue 39.

(San Francisco: Berrett-Koehler Publishers, 2004).
30. “spirituality（スピリチュアリティ）”の定義はCharles Handy, *The Hungry Spirit: Beyond Capitalism, A Quest for Purpose in the Modern World* (New York: Broadway Books, 1998).（埴岡健一訳『もっといい会社、もっといい人生——新しい資本主義社会のかたち』河出書房新社、1998年）より引用。
31. Julia Cameron, *The Artist's Way: A Spiritual Path to Higher Creativity* (New York: Tarcher, 1992).（菅靖彦訳『ずっとやりたかったことを、やりなさい。』サンマーク出版、2001年）
32. Gary Zukav, *The Heart of the Soul: Emotional Awareness* (New York: Free Press, 2002) .
33. Robert William Fogel, *The Fourth Awakening and the Future of Egalitarianism* (Chicago: University of Chicago Press, 2000).
34. Melinda Davis, *The New Culture of Desire: Five Radical New Strategies that Will Change Your Business and Your Life* (New York: Free Press, 2002).
35. Richard Barrett, *Liberating the Corporate Soul: Building a Visionary Organization* (Butterworth-Heinemnn, 1998).

第2章

1. ニール・ボーデン(Neil Borden)は1953年にアメリカ・マーケティング協会の会長講演で「マーケティング・ミックス」という言葉を口にした。「4P」は後にジェローム・マッカーシー (Jerome McCarthy)の*Basic Marketing: A Managerial Approach* (1st edition) (Homewood, IL: Irwin, 1960)で打ち出された。
2. public opinion(世論)とpolitical power(政策)は1984年にコトラー (Kotler)によって追加され、people（人）、process（プロセス）、physical evidence（物的証拠）は1981年にブーム(Boom)とビトナー (Titner)によって追加された。
3. Eric Beinhocker, Ian Davis, and Lenny Mendonca, “The Ten Trends You Have to Watch,” *Harvard Business Review*, July-August 2009.
4. “Personal Recommendations and Consumer Opinions Posted Online Are the Most Trusted Forms of Advertising Globally,” press release (New York: The Nielsen Company, July 7, 2009).
5. Art Kleiner, *Who Really Matters: The Core Group Theory of Power, Privilege, and Success* (New York: The Doubleday Broadway Publishing Group, 2003).
6. C.K. Prahalad and M.S. Krishnan, *The New Age of Innovation: Driving Co-created Value through Global Networks* (New York; McGraw-Hill, 2008).（有賀裕子訳『イノベーションの新時代』日本経済新聞出版社、2009年）
7. Seth Godin, *Tribes: We Need You to Lead Us* (New York: Portfolio, 2008).
8. Susan Fournier and Lara Lee, “Getting Brand Communities Right,” *Harvard Business Review*, April 2009.
9. James H. Gilmore and B. Joseph Pine II, *Authenticity: What Consumers Really Want* (Boston: Harvard Business School Press, 2007).(林正訳『ほんもの』東洋経済新報社、2009年）
10. Stephen R. Covey, *The 8th Habit: From Effectiveness to Greatness* (New York:

World in the 21st Century (London: Penguin Group, 2005).(伏見威蕃訳『フラット化する世界(上・下) ——経済の大転換と人間の未来』日本経済新聞出版社、2006年)

16. Robert J. Samuelson, "The World Is Still Round," *Newsweek*, July 25, 2005.
17. Benjamin Barber, *Jihad vs. McWorld: How Globalism and Tribalism Are Reshaping the World* (New York: Ballantine Books, 1996).(鈴木主税訳『ジハード対マックワールド——市民社会の夢は終わったのか』三田出版会、1997年)
18. Thomas Friedman, *The Lexus and the Olive Tree: Understanding Globalization* (New York: Anchor Books, 2000). (東江一紀・服部清美訳『レクサスとオリーブの木(上・下) ——グローバル化の正体』草思社、2000年)
19. Charles Handy, *The Age of Paradox* (Boston: Harvard Business School Press, 1994). (小林薫訳『パラドックスの時代——大転換期の意識革命』ジャパンタイムズ、1995年)
20. Douglas B. Holt, *How Brands Become Icons: The Principles of Cultural Branding* (Boston: Harvard Business School Press, 2004). (斉藤裕一訳『ブランドが神話になる日』武田ランダムハウスジャパン、2005年)
21. Marc Gobe, *Citizen Brand: 10 Commandments for Transforming Brand Culture in a Consumer Democracy* (New York: Allworth Press, 2002). (東英弥訳『シティズンブランド——成功する企業経営10のルール』宣伝会議、2003年)
22. Paul A. Laudicina, *World Out of Balance, Navigating Global Risks to Seize Competitive Advantage* (New York: McGraw-Hill, 2005). (深沢政彦訳『明日の世界を読む力』東洋経済新報社、2005年)
23. "The American Marketing Association Releases New Definition for Marketing," Press Release, American Marketing Association, January 14, 2008.
24. Daniel H. Pink, *A Whole New Mind: Moving from the Information Age to the Conceptual Age* (New York: Riverhead Books, 2005). (大前研一訳『ハイ・コンセプト——「新しいこと」を考え出す人の時代』三笠書房、2006年)
25. Richard Florida, *The Rise of the Creative Class: And How It's Transforming Work, Leisure, Commuting and Everyday Life* (New York: Basic Books, 2002). (井口典夫訳『クリエイティブ資本論——新たな経済階級の台頭』ダイヤモンド社、2008年)
26. Richard Florida, *The Flight of the Creative Class: The New Global Competition for Talent* (New York: HarperBusiness, 2005). (井口典夫訳『クリエイティブ・クラスの世紀』ダイヤモンド社、2007年)
27. Stuart L. Hart and Clayton M. Christensen, "The Great Leap: Driving Innovation from the Base of the Pyramid," *MIT Sloan Management Review*, October 15, 2002.
28. Danah Zohar, *The Quantum Self: Human Nature and Consciousness Defined by the New Physics* (New York: Quill, 1990).(中島健訳『クォンタム・セルフ——意識の量子物理学』青土社、1991年)
29. Danah Zohar and Ian Marshall, *Spiritual Capital: Wealth We Can Live By*

◉注

第1章

1. "new wave technology（ニューウェーブ技術）"という言葉は、Michael V. CopelandとOm Malikの"How to Ride the Fifth Wave" (*Business 2.0,* July 2005)で使われている"fifth-wave computing（フィフスウェーブ・コンピューティング）"という言葉をヒントにした。
2. Stephen Baker and Heather Green, "Social Media Will Change Your Business," *BusinessWeek,* February 20, 2008.
3. Rick Murray, *A Corporate Guide to the Global Blogosphere: The New Model of Peer-to-Peer Communications*, Edelman, 2007.
4. Steven Johnson, "How Twitter Will Change the Way We Live," *Time,* June 15, 2009.
5. Stephen Baker, "What's A Friend Worth?", *BusinessWeek,* June 1, 2009.
6. ウェブサイト〈wikipedia.org〉より（2009年6月閲覧）。
7. "Mass collaboration could change way companies operate," *USA Today,* December 26, 2006.
8. Henry Chesbrough, *Open Business Models: How to Thrive in the New Innovation Landscape* (Harvard Business School Press, 2006).（諏訪暁彦、栗原潔訳『オープンビジネスモデル――知財競争時代のイノベーション』翔泳社、2007年）
9. Don Tapscott and Anthony D. Williams, *Wikinomics: How Mass Collaboration changes Everything* (New York: Portfolio, 2006).（井口耕二訳『ウィキノミクス――マスコラボレーションによる開発・生産の世紀へ』日経BP社、2007年）
10. Alex Wipperfurth, *Brand Hijack: Marketing without Marketing* (New York: Portfolio, 2005).（酒井泰介訳『ブランド・ハイジャック――マーケティングしないマーケティング』日経BP社、2005年）
11. *Consumer-made,* www.trendwatching.com/trends/consumer-made.htm.
12. Ori Brafman and Rod A. Beckstrom, *The Starfish and the Spider: The Unstoppable Power of Leaderless Organizations* (New York: Portfolio, 2006).（糸井恵訳『ヒトデはクモよりなぜ強い――21世紀はリーダーなき組織が勝つ』日経BP社、2007年）
13. Larry Huston and Nabil Skkab, "Connect and Develop: Inside Procter & Gamble's New Model for Innovation," *Harvard Business Review,* March 2006.
14. C.K. Prahalad and Venkat Ramaswamy, *The Future of Competition: Co-creating Unique Value with Consumers* (Boston: Harvard Business School Press, 2004).（有賀裕子訳『価値共創の未来へ――顧客と企業のCo-Creation』武田ランダムハウスジャパン、2004年）
15. Thomas L. Friedman, *The World is Flat: A Brief History of the Globalized*

【や行】

【ら行】

【わ行】

【ま行】

【な行】

【は行】

【さ行】

【た行】

【か行】

◉索引

フィリップ・コトラー(Philip Kotler)
ノースウエスタン大学ケロッグ経営大学院インターナショナル・マーケティングのS・C・ジョンソン・アンド・サン・ディスティンギッシュト・プロフェッサー。「近代マーケティングの父」として広く知られている。ウォールストリート・ジャーナル紙の最も影響力のある経営思想家ランキングで上位6人の一角を占めている。

ヘルマワン・カルタジャヤ(Hermawan Kartajaya)
マークプラス社の創業者で同社CEO(最高経営責任者)。イギリスの公認マーケティング協会から、「マーケティングの未来を形づくった50人のリーダー」の1人に選ばれている。

イワン・セティアワン(Iwan Setiawan)
マークプラス社シニア・コンサルタント(2010年はケロッグ経営大学院に在籍)。

恩藏直人(おんぞう・なおと)
早稲田大学商学学術院長兼商学部長。博士(商学)。1982年早稲田大学商学部卒業後、同大学大学院商学研究科を経て、1996年より教授。専門はマーケティング戦略。著書には『マーケティング』(日経文庫)、『コモディティ化市場のマーケティング論理』(有斐閣)、訳書には『コトラー&ケラーのマーケティング・マネジメント』(ピアソンエデュケーション)、『コトラーのマーケティング・コンセプト』(東洋経済新報社)などがある。

藤井清美(ふじい・きよみ)
京都大学文学部卒業。1988年より翻訳に従事。訳書には『スティグリッツ教授の経済教室』(ダイヤモンド社)、『顧客感動マーケティング』(日本経済新聞出版社)、『ザ・コストカッター』(プレジデント社)、『バーナンキは正しかったか?』(朝日新聞出版)などがある。

コトラーのマーケティング3・0
ソーシャル・メディア時代の新法則

2010年9月30日　第1刷発行
2012年6月20日　第11刷発行

著　者　フィリップ・コトラー＋ヘルマワン・カルタジャヤ＋イワン・セティアワン
監訳者　恩藏直人
訳　者　藤井清美
発行者　小島　清
発行所　朝日新聞出版
〒104-8011
東京都中央区築地5-3-2
電話　03-5541-8814(編集)
　　　03-5540-7793(販売)

印刷所　大日本印刷株式会社

ISBN978-4-02-330839-8
定価はカバーに表示してあります。